Golo Mann · Konrad R. Müller

KONRAD ADENAUER

BASTEI LÜBBE

KONRAD ADENAUER

FOTOGRAFIERT
VON KONRAD R. MÜLLER

MIT EINEM ESSAY VON
GOLO MANN

BASTEI
LÜBBE

BASTEI-LÜBBE-TASCHENBUCH

Band 61 232

Printed in Germany, August 1992
Foto auf Seite 106 von Anton Goehr jr.
Titelbild: Konrad R. Müller
Satz: Kremerdruck GmbH, Lindlar
Druck und Bindung: Druckerei Appl, Wemding
ISBN 3-404-61232-9

Der Preis dieses Bandes versteht sich einschließlich
der gesetzlichen Mehrwertsteuer.

Danksagung

*Für die freundliche Genehmigung
zum Abdruck einiger Passagen aus dem Buch
»Meine Erinnerungen an Konrad Adenauer«
von Anneliese Poppinga (Stuttgart 1970)
in den Abschnitten
›Rhöndorf‹, ›Cadenabbia‹ und ›Das Tal‹
dankt der Verlag der Autorin
und der Deutschen Verlags-Anstalt, Stuttgart.
Das Kapitel ›Lebensdaten‹ hat
Anneliese Poppinga eigens für den vorliegenden
Band zusammengestellt.*

INHALT

»Sich ganz auswirken mit den Kräften des Verstandes und der Seele, mit seiner ganzen Persönlichkeit schöpferisch tätig sein zu können, ist der schönste Inhalt menschlichen Lebens.«

EIN ANTLITZ BEWÄHRT SICH

Um die Jahrhundertmitte, jetzt schon wieder weit zurückliegend, gab es in unserem Europa drei Politiker oder »Staatsmänner«, die, wenn sie nicht schon älter waren, als man auf der Höhe des Lebens zu sein pflegt, es doch werden sollten oder zu werden im Begriff waren: Winston Churchill, Konrad Adenauer und Charles de Gaulle. Man könnte weitere nennen, den Italiener De Gasperi zum Beispiel, geboren 1881, den Franzosen Robert Schuman, geboren 1886, innerhalb ihres Bereiches bedeutende Politiker auch sie und wie die eingangs Erwähnten noch aus der Welt von vor 1914 stammend, dennoch – oder eben darum? – fähig, andrängende Aufgaben in tief veränderter Zeit zu verstehen und zu ihrer Bemeisterung beizutragen.

Nicht zu diesem Kreise gehörte der spanische Caudillo, Generalísimo, Selbstherrscher anstelle des Königs von Spanien, der einmal kommen sollte, jedoch einstweilen noch nicht: Francisco Franco, geboren 1892. Sein Spanien blieb isoliert, beinahe ostracisiert bis in die fünfziger Jahre hinein, der Regent stand intellektuell und moralisch weit niedriger als die eben Genannten. Jedoch muß er überaus glücksbegabt und schlau gewesen sein, denn ohne diese Vorzüge hätte er nicht an die vierzig Jahre regieren können. Auch wurde er milder und weiser zuletzt; ein sozialistischer Politiker, Alfonso Guerra, hat unlängst uns wissen lassen, der »Übergang« zur Demokratie habe nicht erst nach Francos Tod, 1975, sondern schon zu Anfang der sechziger Jahre begonnen.

Im Februar 1967 erhielt Franco den Besuch des einundneunzigjährigen Konrad Adenauer. Der Bundeskanzler im erzwungenen Ruhestand hielt in Madrid einen Vortrag über Europa, sein Europa, das gefährdete, das verlorene, wenn es nicht zur handlungsfähigen Einheit würde; diese Rede, ich weiß es von einem, der zuhörte, war hinreißend und sehr ergreifend. Damals sah Adenauer so manches spanische Monument zum ersten Mal, voller Schau- und Wißbegier: den Prado, den Escorial, Toledo.

Seinen Rückweg nahm er über Paris, und hier fand seine letzte Begegnung mit General de Gaulle statt. Während des Frühstücks hielt der General eine Rede, so feierlich freundschaftlich, als ob er ahnte, daß es zum letzten Mal sei. Drei Jahre später besuchte er seinerseits den General Franco; nun auch er im Ruhestand, einem im Grunde wohl freiwilligen, denn bei der Volksabstimmung, die er veranstaltet hatte und verlor, ging es um Fragen, die eines so tragischen Entweder-

Oder nicht wert waren. Von Madrid reiste er weiter nach Toledo, wo man ihn in einer über der Traumstadt gelegenen privaten Villa unterbrachte. Sein spanischer Gastgeber wünschte zu wissen, welchen Eindruck der Generalissimus auf ihn gemacht habe. De Gaulle, ausweichend: »Ein hervorragend zubereitetes Fischgericht.« Der Frager insistierte. De Gaulle: »Ein ausgezeichneter Bordeaux.« Beim dritten Mal gab er nach, wenngleich äußerst knapp: »Sehr intelligent, sehr intelligent. Aber alt; sehr alt.« Hinzuzufügen, daß de Gaulle zwei Jahre älter war. Auch hinzuzufügen, daß Adenauer auf die gleiche Frage ähnlich, aber bereitwilliger und etwas ausführlicher geantwortet hatte: »General Franco habe auf ihn, wie er sagte, einen sehr klugen, überlegten Eindruck gemacht, ein Mensch, der seine Gedanken und Worte ordne, bevor er sich äußere.« So in den Erinnerungen der letzten Chefsekretärin und Mitarbeiterin Adenauers, Anneliese Poppinga, einem Buch, das uns über den Menschen Adenauer mehr sagt, als ganze wissenschaftliche Bibliotheken sagen können.

Die Laufbahn Churchills war die eines britischen Politikers des höchsten Ranges, als solche stürmisch genug: Soldat und Kriegsreporter zuerst, oder beides auf einmal, im Parlament zwischen 1900 und 1965 nahezu ununterbrochen, zwischen 1906 und 1955 unzählige Male in der Regierung, zum Amt des Prime Ministers aber erst Mai 1940, in der höchsten Not, berufen, von der Nation auch wieder abgewählt, sobald die Not vorüber war; ein doppelter Parteiwechsel, von den Tories zu den Liberalen, von den Liberalen zurück zu den Konservativen, einer, dessen Überzeugungen in kein Parteischema paßten; übrigens ein gewaltiger Journalist, Schriftsteller, Historiker. Seine zweite Regierung, 1951 bis 1955, war ein verspätetes, wenig tatenreiches Nachspiel. Er schied aus dem Amt von Alters wegen, weil er mußte, seine eigenen Anhänger wollten es so. Noch blieb er im Unterhaus, die Erhebung zum Herzog ausschlagend, aber man hörte nicht mehr viel von ihm; während der Krise von 1956 – Ungarn, das gescheiterte englisch-französische Unternehmen gegen den Suezkanal – schwieg er. Im Laufe seiner zweiten Regierungszeit traf Churchill Konrad Adenauer ein paar Mal. Zwischen den beiden herrschte ein Maß von Einverständnis, Freundschaft nicht eigentlich. Auch gibt Adenauer in seinen »Erinnerungen« kein Porträt Churchills. Porträts gibt er freilich nur sehr selten.

Die Laufbahn de Gaulles war nicht die eines französischen Politikers. Soldat von Beruf, blieb er es bis 1940, wobei er es während der zwanzig Friedensjahre zwischen 1919 und 1939 vom Hauptmannsrang zu dem eines Obersten brachte. Nebenbei gab es zwei Bücher von ihm, ein höchst persönliches, in welchem er seine eigene Zukunft – Aufstieg, Rückzug und Wiederkehr – unter Verschleierungen voraussagte; ein anderes, das von der Panzerwaffe und der Notwendigkeit einer technisierten, professionellen Armee handelte. Dies Buch wurde von deutschen Offizieren aufmerksamer gelesen als von französischen. Churchill und de Gaulle haben wenig miteinander gemeinsam; offenbar aber dies, daß ihre historische Stunde im Jahre 1940 schlug, jene Churchills im Mai, jene de Gaulles im Juni; dem einen als der Höhepunkt einer schon vierzigjährigen politischen Karriere und Arbeit, ein strikt nach der Verfassung von König und Parlament bestimmter Höhepunkt; dem anderen als ein ausschließlich von ihm selber, kraft eigenster Machtvollkommenheit erwählter.

Kurz vorher war de Gaulle General geworden, Ein-Stern-General, als Günstling des letzten Premierministers der Dritten Republik, Paul Reynaud. Der alte Marschall Pétain zu dieser Rangerhöhung: »Da sind Sie also General. Ich gratuliere Ihnen nicht. Was soll der Rang in der Niederlage?« De Gaulle: »Aber Herr Marschall, auch Sie haben Ihre ersten Sterne 1914 während des Rückzugs erhalten. Und wenige Tage später dann der Sieg an der Marne.« Pétain, ärgerlich: »Da ist doch überhaupt kein Vergleich.« Pétain war etwas wie ein väterlicher Freund de Gaulles gewesen. Der, als alles vorüber war, ging gegen den Greis ohne Gnade vor – oder mit geringer Gnade. Er verwandelte das Todesurteil in lebenslange Festungshaft. Dagegen spricht er in seinen Erinnerungen mit melancholischem Verständnis über das, was er als Pétains Fall und Verrat ansah: »Das Alter lieferte ihn Manövern geschickter Leute aus, machte es ihm möglich, seine majestätische Müdigkeit zu verdecken. Das Alter ist ein Schiffbruch. Und damit uns gar nichts erspart bliebe, koinzidierte Marschall Pétains Greisenalter mit dem Schiffbruch Frankreichs.«

Nichts hätte verschiedener sein können als die Laufbahn Churchills, des regierungserfahrenen großen Parlamentariers, und die Laufbahn de Gaulles, des Nur-Soldaten und obendrein noch nahezu Unbekannten, der nun in des britischen Prime Ministers Arbeitszimmer erschien mit der Kühnheit, sich selber mit Frankreich gleichzusetzen und den Krieg gegen Hitler-Deutschland auf eigene Faust fortzusetzen. Jedoch verstanden die beiden sich sofort, weil, so meint de Gaulle im Rückblick, sie beide Künstler waren, weil das Künstlerisch-Phantastische seines Unternehmens den britischen Staatskünstler und Schriftsteller ansprach. Nicht, daß es während der folgenden fünf Jahre ohne

Reibereien zwischen den beiden abgegangen wäre. Churchill, einmal: »Das schwerste Kreuz, das ich zu tragen habe, ist das Kreuz von Lothringen« – das Wahrzeichen des Freien Frankreich. In Washington dagegen, wo die Sympathien für de Gaulle gering waren, blieb Churchill dessen Vermittler und Fürsprecher.

De Gaulles Weltsicht war so stark wie einfach: der Doppelglaube an sich selbst und an die Größe Frankreichs. Spät erst kam »Europa« dazu, die Sorge um Europas Unabhängigkeit zwischen den beiden Weltmächten. Seine Karriere wird durch zwei Epochen bezeichnet: 1940–1946, 1959–1969. Dazwischen zwölf Jahre. Wohl war sein Rücktritt 1946 unvermeidlich. Der als Befreier Frankreichs gekommen war, mußte den Franzosen die Freiheit lassen, ihre Republik wiederherzustellen, dem Namen nach die Vierte, aber kaum unterschieden von der Dritten, deren Versagen er beobachtet hatte in den dreißiger Jahren, ihren kläglichen Zusammenbruch im Juni 1940. Folglich mußte er die Restauration dulden, aber mitmachen konnte er sie nicht lange. Die so gewonnene Muße gebrauchte er, um seine Kriegserinnerungen zu schreiben, ein literarisches Meisterwerk in drei dicken Bänden. Aber diese Arbeit genügte ihm nicht. Er unterhielt ein Büro in Paris, in den Räumen, die heute das Institut de Gaulle beherbergen. Der zürnende Achilles blieb nicht im Zelt, er war gegenwärtig, schreibend, warnend und tadelnd. Raymond Aron, der ihn gut kannte, der klügste publizistische Begleiter Frankreichs in jenen Jahrzehnten, meint, die Vierte Republik sei an zwei Faktoren gescheitert: an Algerien und an de Gaulle. Der hatte nie daran gezweifelt, daß man ihn zurückrufen würde; nur dauerte es länger, als er geglaubt hatte. Am 1. Juni 1958 erschien er, noch als Ministerpräsident, vor der Kammer. Am 14. September traf er Konrad Adenauer in Colombey-les-deux-Eglises.

Wieder hätte nichts verschiedener sein können als die romantisch-spektakuläre Laufbahn de Gaulles und die bürgerlich-nüchterne Konrad Adenauers: vom Stadtverordneten zum Oberbürgermeister, im Kaiserreich und in der Republik, im Kaiserreich auch Mitglied des preußischen Herrenhauses, in der Republik Präsident des preußischen Staatsrates, dazu eine bedeutende Stellung in der Zentrumspartei, einmal die Chance, Reichskanzler zu werden, die er nach kurzer Prüfung ausschlug, weil die Parteienkoalition, die sich ihm bot, ihm nicht tragfähig schien – ein von brennendem Ehrgeiz Beseelter hätte sich anders entschieden. Die Schöpfungen des Bürgermeisters: der »Grüngürtel«, die Universität, die neuen Siedlungen, auf die er gewaltig stolz war und immer blieb. Der Absturz 1933 mit all seinen widrigen Erfahrungen: Schadenfreude seiner Mitbürger, Opportunismus, Verleumdungen und Infamien aller Art. Einsamkeit, unterbrochen nur durch Lager und Gefängnis. Auch diese innere Verbannung dauerte zwölf Jahre, war aber anderen Charakters als jene de Gaulles. Warum damals Adenauer nicht seine Erinnerungen schrieb, von Kaiserreich und Weimarer Republik, weiß ich nicht. Leere Zeit hätte er genug dafür gehabt. Als er nach seinem Rücktritt 1964 an seine Memoiren ging, begann er bei 1945 und gelangte, mit Not, bis 1963, der letzte Band blieb ungeformt. Erst wenn er damit fertig war, wollte er zu seinen Anfängen zurückkehren, wozu es leider nicht mehr kam.

Während eines Gesprächs, das Adenauer im April 1966 mit mir führte, klang er am freudigsten, wenn er von seiner Bürgermeisterzeit redete. Als ich ihn fragte, ob er wohl im Jahre 45 sich schon als zukünftiger Chef einer deutschen Regierung sah, lautete die Antwort: »Ehrgeiz! Ich wollte Köln wieder aufbauen. Ich hätte es besser gemacht, als es dann gemacht wurde.« Vielleicht war es schlechtes Glück für Köln, aber gutes für die Deutschen, daß jener törichte Engländer ihn nach wenigen Wochen angeblicher Unfähigkeit aus dem Oberbürgermeisteramt wieder vertrieb. Dank der schmählichen zweiten Entlassung konnte er sich deutscher Politik widmen, nun aber mit Konsequenz. Wie er, siebzig Jahre alt schon am Anfang, kümmerlich ernährt, auf der Herforder Tagung der neuen CDU das »Alterspräsidium« usurpierte, wie er die Berliner ausschloß und sich der gefährlichsten Konkurrenten entledigte, wie er die Partei-Organisation in der Britischen Zone zentralisierte und sich zu ihrem Herrn machte, kommunale, regionale, nationale, politische Fäden spann und knotete, in tausend Briefen, wie er selber in einem uralten Wagen durchschnittlich zehntausend Kilometer im Monat zurücklegte, das, meine ich, läßt das Ziel erkennen; hier gilt das Wort de Gaulles: »Man ist Premierminister, weil man es sein wollte.«

Kontinuität, Voraussicht findet sich auch in Adenauers Denken und Handeln; jedoch eine rein sachliche, die Sache nicht egozentrisch mit der Person verbindende. Wer ihn gerecht verstehen will, muß die Reden lesen, welche der Oberbürgermeister im Jahre 1919 hielt: jene über die Wünschbarkeit einer Vereinigung der deutschen Regionen rechts und links des Rheins zu einem »Freistaat im Verbande des Deutschen Reiches« (1. Februar 1919), und jene anläßlich der Eröffnung der Kölner Universität (12. Juni 1919).

Der rheinische Freistaat – ungefähr dem heutigen Nordrhein-Westfalen entsprechend – sollte die damals von Frankreich gewünschte Abtrennung der linksrheinischen Gebiete vom Deutschen Reich verhindern, gleichzeitig aber den Franzosen die Furcht vor dem »aggressiven Preußen« nehmen, eine Brücke zwischen beiden Völkern bilden. Man müsse sich »in den Gedankengang unserer Gegner versetzen, wie man überhaupt in all den außenpolitischen Erwägungen nur dann zu einem vernünftigen Schluß kommt, wenn man sich in die Lage der Gegner denkt und sich fragt: wie würdest du handeln, wenn du jetzt in der Lage Frankreichs, Englands oder Amerikas wärst?« Und gelegentlich der Universitätsgründung: »Wie auch der Friedensvertrag aussehen mag, hier am Rhein, an der alten Völkerstraße, werden während der nächsten Jahrzehnte die deutsche Kultur und die Kulturen der westlichen Demokratien zusammenstoßen. Wenn ihre Versöhnung nicht gelingt, wenn die europäischen Völker nicht lernen, über der berechtigten Wahrung ihrer Eigenart das aller europäischen Kultur *Gemeinsame* zu erkennen und zu pflegen, wenn es nicht gelingt, durch kulturelle Annäherung die Völker wieder zu einigen, wenn auf diesem Wege nicht einem neuen Kriege unter europäischen Völkern vorgebeugt wird, dann ist Europas Vormacht in der Welt *dauernd* verloren. Das hohe Werk dauernder Völkerversöhnung und Völkergemeinschaft zum Heile Europas zu fördern, sei die besondere Aufgabe der Universität Köln ...« Auch erinnert der Redner daran, daß die alte Kölner Universität nach dem Vorbild der Sorbonne organisiert worden sei und zu ihrer Zeit wie keine andere deutsche Hochschule Studenten aus fremden Ländern an sich gezogen habe ... Für den Sohn eines geringen preußischen Beamten, für einen, der zur Bismarckzeit das Gymnasium besucht hatte, um für eine der Obrigkeit gefällige Laufbahn sich vorzubereiten, und eine solche Laufbahn auch durchschritten hatte, sind das erstaunliche Ansichten; Hoffnungen, wie sie sonst in jenen Tagen nur radikale Literaten auszusprechen wagten.

Adenauer blieb ihnen treu durch die vierzehn Jahre der armen Republik, durch die zwölf Jahre entfesselten Unheils; mit dem Unterschied, daß es ihm danach nicht mehr um Europas Vormachtstellung in der Welt, sondern nur noch um die Bewahrung einer Hälfte dessen, was ehedem das deutsche Kaiserreich gewesen war, am Rande und im Rahmen eines Rest-Europa gehen konnte. Das Gefürchtete, das, wovor er gewarnt hatte im Jahre 1919, war geschehen, weit schlimmer noch, als seine Phantasie, die nicht allzu stark war, es sich vorgestellt hatte; seine Erkenntnisse, seine Gründungen hatten nichts dagegen vermocht.

Er war nicht froh darüber – wie sollte er! Aber er verstand; verstand viel früher als zum Beispiel der Schreiber dieser Zeilen, in seinem zugleich schlichten und tiefen Geiste, reich durch Erfahrung, verfeinert und gehärtet durch das unlängst Erlebte. Und so in einer Denkschrift im Herbst 1945: Die Trennung des russisch besetzten Osteuropa, einschließlich der »Zone«, von Westeuropa sei eine vollzogene Tatsache. Westdeutschland, Frankreich, Belgien, Luxemburg, Holland und, wenn es wolle, England, müßten sich daher fest zusammenschließen, zuerst wirtschaftlich, doch das wünschenswerte Endziel sei eine politische Union der europäischen Staaten. Die Zusammenfassung der von den westlichen Alliierten besetzten deutschen Länder zu einem zentralisierten Einheitsstaat sei nicht möglich und auch nicht wünschenswert, wohl aber »die Form eines bundesstaatlichen Verhältnisses«. Er sah beides: das unvermeidlich Vorgegebene, die durch den Stalinschen Imperialismus verursachte Trennungslinie zwischen Ost und West, und das Bestmögliche, das aus dieser Grundbedingung zu machen wäre.

Unlängst haben wir wieder einmal gehört, und zwar aus dem Munde eines mit Recht vielbewunderten deutschen Romanschriftstellers, an der Teilung Deutschlands seien schuldig »der sächsische Stalinist Ulbricht und der rheinische Separatist Adenauer«.

Glaubt Günter Grass im Ernst, die Dinge wären alle ganz anders gekommen, es blühte heute ein vereintes, freies, sozialdemokratisches, neutrales Deutschland, hätte nur Stalin einen anderen Statthalter nach Berlin-Ost geschickt, wäre nur anno 49, in Bonn oder sonstwo anstatt der Union eine von der SPD geführte Regierung zur Macht gelangt? Es mißbraucht den Klang seines Namens, wer so unverantwortlich redet. Dabei sei den Kritikern eingeräumt, daß der Bundeskanzler, um sich seiner großen außenpolitischen Ziele wegen an der Macht zu halten, im Inneren Kompromisse einging, zumal im persönlichen Bereich, die für sich betrachtet, sehr unerfreuliche waren. Wie nach einem Wort Dantons »Revolutionen nicht mit Rosenwasser gemacht« werden, so auch große Politik nicht; man nenne mir doch ein einziges Beispiel, welches gegen die melancholische Erkenntnis dieser Tatsache spräche. Adenauer gewann, weil er das unvermeidlich Vorgegebene früher erkannte als alle anderen und weil er dem unter solchen Umständen bestmöglichen Ziel unbeirrbar zusteuerte, allen inneren und äußeren Widerständen zum Trotz, erschüttert wohl durch Enttäuschungen, immer neue Auswege suchend und findend, wenn einer sich als ungangbar erwiesen hatte. Wer ihn heute verdammt, der weiß nichts oder will nichts wissen von den Hoffnungen, den erweckten und zusehends erfüllten, die während der fünfziger Jahre in der Bundesrepublik blühten, der neuen Freiheit, dem Sich-Öffnen der weiten Welt, wie es die Deutschen so lange nicht, ja noch nie vorher erfahren hatten.

Zu Adenauers Glück gehörte, daß er in Frankreich, Italien, den Niederlanden einige gleichgesinnte Partner fand – einige, nicht alle waren es. Und nun, im Juni 1958, de Gaulle: Der war dem Bundeskanzler zunächst unheimlich. Denn er wußte ja so manches aus de Gaulles Vorgeschichte: den längst verblaßten, aber noch immer gegen Deutschland gerichteten Allianzvertrag mit dem Kreml, und daß auch er gegen die deutsch-französische Verteidigungsgemeinschaft gewesen war, daß er kurzum als ein Nationalist klassischen Stils galt, beherrscht von der Gleichsetzung der Größe Frankreichs mit der eigenen. Mit solchen Vorstellungen – oder doch Sorgen – machte Adenauer die Reise nach Colombey-les-deux-Eglises.

Über die erste Begegnung haben die beiden später berichtet – Adenauer im dritten Band seiner »Erinnnerungen«, de Gaulle im ersten Band seiner »Mémoires de l'Espoir«, die er während seines letzten inneren Exils schrieb, nicht in der Breite der Kriegserinnerungen, sondern hastig, denn er ahnte wohl, daß er nicht mehr lange zu leben hätte, auch konnte er seine Erinnerungen nicht zu Ende führen. Um so merkwürdiger ist, daß er dem ersten Besuch des Bundeskanzlers volle zehn Seiten widmet und daß er, der Hochmütige, mit Lob so sehr Sparsame, von Adenauer nicht nur mit Achtung, sondern mit warmer Sympathie spricht. Und er zählt auf, was folgte: »Bis Mitte 1962 werden wir vierzig Briefe miteinander wechseln. Wir werden uns fünfzehn Mal treffen, sei es, wie meistens, in Paris, Rambouillet, Marly, sei es in Baden-Baden und Bonn. Wir werden mehr als hundert Stunden zusammen sprechen, zu zweit, mit unseren Ministern oder in Begleitung unserer Familien. Dann, in der Überzeugung, daß die neuen, so lange feindlichen Beziehungen zwischen den beiden Nationen nun feierlich geweiht werden sollten, lade ich den Kanzler zu seinem offiziellen Besuch in Frankreich ein ... Die Reise endet in Reims, Symbol unserer alten Traditionen, aber auch Schauplatz so mancher Zusammenstöße zwischen den Erbfeinden seit den ersten germanischen Invasionen der Frühzeit bis zu den Kämpfen an der Marne. In der Kathedrale, noch immer nicht von ihren Wunden geheilt, vereinen der erste Franzose und der erste Deutsche ihre Gebete: zu beiden Seiten des Rheins möchten die Werke der Freundschaft für immer die Leiden des Krieges verbannen. Später und bis zum Tod meines großen Freundes werden unsere Beziehungen sich fortspinnen im gleichen Rhythmus und mit der gleichen Herzlichkeit. Alles, was zwischen uns gesagt, geschrieben, getan wird in Anpassung an neue Situationen, beruht auf jener Übereinkunft in guten Treuen des Jahres 58. Gewiß werden veränderte Umstände auch Schwierigkeiten hervorbringen. Aber immer wird man sie überwinden. Durch uns beide gestaltet sich das Verhältnis zwischen Frankreich und Deutschland auf einer Grundlage und in einer Atmosphäre, wie unsere Geschichte sie noch nie gekannt hat …« Eine Seite voller Großmut, hier gekürzt wiedergegeben. »Mon illustre ami« – wem sonst hätte de Gaulle eine solche Ehre zuteil werden lassen?

Was die Berichte der beiden über jenen Herbstnachmittag in Colombey-les-deux-Eglise betrifft, so stimmen sie in allem Wesentlichen überein. Amüsant sind ein paar geringe Unterschiede im Detail. Es ist vom Alter die Rede. Bei de Gaulle bemerkt Adenauer, er führe die Regierung der Bundesrepublik schon elf Jahre – in Wahrheit waren es nur neun –, hoffe aber, trotz seines hohen Alters noch einige Zeit im Amt zu bleiben. Bei Adenauer liest man es anders: De Gaulle habe trübe über seinen eigenen Gesundheitszustand gesprochen und bemerkt, »den Lebensjahren nach sei er viel jünger als ich, aber in Wirklichkeit sei ich jünger. Er habe nicht meine physische und psychische Kraft.

Ich gab ihm darauf zur Antwort, sobald er jetzt an die Arbeit käme, werde er sehen, wie ihm aus der Arbeit neue Kräfte erwachsen würden. Mir sei es auch so gegangen. Als ich nach dem Zusammenbruch des Nationalsozialismus wieder an die Arbeit gekommen sei, hätte ich auch zuerst geglaubt, ich könnte sie nicht leisten. Dann aber habe sich deutlich gezeigt, daß auf die Dauer gesehen einem aus der Arbeit neue Kräfte erwachsen.« De Gaulle erwähnt diesen Gedankenaustausch nicht, wohl, weil er ihm zu trivial war, zu geringe historische Dimension hatte. Tatsächlich aber leistete er in den folgenden elf Jahren, besonders in den ersten fünf, soviel wie er auf der Höhe des Lebens, in den Jahren 1940 bis 1946, geleistet hatte, wenn nicht mehr: die Lösung des schrecklichen algerischen Knotens, den ausschließlich er lösen konnte; die großartig friedliche Auflösung des französischen Kolonialreiches in Schwarzafrika, mit der Folge, daß das francophone Afrika noch heute ungleich mehr Wirklichkeit hat als das britische Commonwealth; die Gründung der Fünften Republik mit ihrer Präsidial-Regierung, die, was immer die Zukunft bringen möge, sich als unvergleichlich stärker erwiesen hat als die Vierte; die französische Nuklear-Rüstung, die Force de frappe, über die man außerhalb Frankreichs am Anfang spottete, aber längst nicht mehr spottet – um nur die gewichtigsten Taten dieser Regierung zu erwähnen. Jedoch waren die letzten Jahre seiner Präsidentschaft keine sehr glücklichen mehr; Ideen im großen Stil, ohne den tat er's nicht – ergriffen, versucht und wieder aufgegeben. »Das Alter ist ein Schiffbruch.« Er wußte, warum er aufgab, warum er seine zweiten Memoiren so hastig schrieb.

Soviel ich weiß, kennen wir nur ein einziges langes Gespräch, das de Gaulle während seines letzten Ruhestandes führte. André Malraux hat es uns überliefert. Ein höchst sonderbares Gespräch, fast so, als ob zwei bedeutende Tote es im Jenseits miteinander führten; es gab ja im siebzehnten und achtzehnten Jahrhundert die Mode der Unterhaltungen im Hades, meist zwischen Personen, die im irdischen Leben gar nicht Zeitgenossen waren. Immer geht es bei de Gaulle und Malraux um Frankreich, um seine Größe, seine Schwäche und Gefährdungen, seine »großen Männer«. De Gaulle: »Wie stehen Sie jetzt zum Kaiser?« (Damit meint er Napoleon und keinen anderen: es gab eben nur *einen* Kaiser.) Malraux: »Ein großer Geist und eine ziemlich kleine Seele.« De Gaulle: »Für die Seele hatte er keine Zeit. Sehen Sie doch auf Sankt Helena. Wann sagte er dort, was ich zitiert habe: Ja, das ist traurig, traurig wie die Größe ...« Malraux, nun erzählend:

»Den General verfolgte die Geschichte mehr als die Religion. Ich teile dies Verfolgtsein, aber nicht ganz. Früher sagte er mir einmal, er stimme mit der Behauptung Valérys überein: Die Lehren der Geschichte waren noch nie zu etwas gut. Vielleicht ist er weniger von der Historie besessen als von der Gegenwart des Vergangenen ...«

Dann der Pessimismus des Alters. De Gaulle: »Frankreich war die Seele der Christenheit; sagen wir heute: der europäischen Zivilisation. Ich habe getan, was ich konnte, damit sie wieder erstünde ... Bin ich gescheitert? Andere werden es wissen, später. Wie sollte denn die parlamentarische Demokratie – da geht es um die Verteilung von Tabakläden – Europa errichten? ... Europa, Sie wissen es wie ich, wird auf dem Einverständnis seiner Staaten beruhen, oder gar nicht. Also, gar nicht ... Es handelt sich nicht mehr darum, ob Frankreich Europa erschafft, es gilt zu begreifen, daß es selber tödlich bedroht ist durch den Tod Europas. Schließlich, was war Europa zur Zeit Alexanders (des Großen)? Die Wälder, die Sie gesehen haben, die ich täglich sehe ...«

Auch von Adenauer gibt es nur wenige überlieferte Gespräche aus der Zeit des ihm aufgezwungenen Ruhestandes; fast gar keine, hätte nicht Anneliese Poppinga ihre Aufzeichnungen gemacht und später veröffentlicht. Es sind Reden eines Großvaters, belehrend und sorgenvoll. Ich selber habe im April 1966 ein einziges, etwa sieben Stunden langes, durch die Nacht unterbrochenes Gespräch mit ihm geführt – oder er mit mir – und, sobald ich konnte, wortgetreu zu Papier gebracht; es steht irgendwo gedruckt. So sonderbar, so geisterhaft und düster wie jene Unterhaltung zwischen Malraux und de Gaulle liest es sich nicht. Adenauer sah sich selber keineswegs als »groß«, hielt auch von »Größe« seines Landes und Volkes nicht viel, zumal er Ungutes damit überreichlich erlebt hatte. Kein Romantiker wie de Gaulle, auch keiner, dem noch das Fernstvergangene Gegenwart war. Er liebte Musik, er liebte auch Gedichte, Balladen wie Lyrik; private Neigungen, von denen in sein Tun nichts einging. Im tiefsten Grund bescheiden, fast demütig. Ein Staatsmann der Sorge: Es könnte doch alles Erreichte sich wieder in nichts auflösen. Es könnten die USA sich von Europa trennen. Es könnte Frankreich seine eigenen Wege gehen. Es könnte die Einheit der großen Drei, oder Vier, sich wieder herstellen, gegen die Bundesrepublik. Es könnten die Deutschen selber wieder Narreteien verüben. Solche Sorgen hatten ihn verfolgt während seiner langen Regierung und plagten ihn nun, »außer Dienst«, erst recht.

Nicht am Alter litt er, wie de Gaulle daran litt, der des Alters arge Folgen bei anderen beobachtet hatte und vor sich selber maskierte, indem er zum Beispiel keine Brille trug, obgleich er zuletzt fast blind war, so daß seine Adjutanten bei jeder Stufe für ihn fürchteten. Adenauer akzeptierte das Alter als naturgegeben oder gottgewollt; auch sorgte die Disziplin seiner Lebensführung, sorgte die Gesundheit seiner Seele dafür, daß es ein im Geiste ungetrübtes Alter blieb.

Wenn er kurz vor dem Ende gestand, diese letzten Jahre seien ihm eine Qual gewesen, so meinte er damit nicht die Beschwerden seiner neunzig Jahre. Daß er nicht mehr hatte wirken können, daß er einen Nachfolger am Werke sah, den er für ungeeignet hielt, für fähig, sein eigenes kostbares Werk, zumal die deutsch-französische Freundschaft, verfaulen zu lassen – daran litt er. Die Arbeit an den »Erinnerungen« half ihm ein wenig, auch seine Mitarbeiterin, die ihn immer wieder ermutigte, wenn ihm die Lust fehlte. Und dann die Reisen: nach Israel, nach Spanien. In Jerusalem zeigte er noch einmal die Stärke seines Willens, die Präsenz seines Geistes: Hätte er gewisse Worte, welche der israelische Regierungschef sprechen wollte und die schon in den Zeitungen standen, hingenommen, so wäre alles, was er für die Versöhnung zwischen Deutschen und Juden getan hatte, als nichtig erklärt worden.

Nach meinem Besuch in Cadenabbia beschrieb ich ihn so: »Da er meistens selber sprach, so konnte ich ihn genau beobachten. Die Farbe des Gesichts wächsern, der Mund eingefallen. Die Augen über und hinter schwer hängenden Säcken; eher klein, blaß und in die Ferne blickend. Eine ganz leichte Ähnlichkeit mit der letzten Fotografie Metternichs: das Porzellanen-Zarte des höchsten Alters, der ferne Blick. Das Lachen oder Lächeln sehr liebenswürdig, verschmitzt, besonders wenn, später beim Abendessen, seine angenehme und intelligente Assistentin, Fräulein P., ihn dazu anregte.«

Zu der Ähnlichkeit mit Metternich: dessen gründlichster Biograph, Heinrich von Srbik, meint, er sei im hohen Alter dem alten Franz Grillparzer ähnlich gewesen. Wohlgemerkt, die beiden waren grundverschiedene Charaktere gewesen und ebenso unterschiedlich ihre Lebensleistung. Zudem mochten sie einander nicht. Aber sie waren beide Persönlichkeiten hohen geistigen Ranges und alte Österreicher; das genügte, um einen Schein von Ähnlichkeit hervorzurufen.

Die Fotografien dieses Bandes hat Konrad R. Müller als junger Anfänger gemacht, mit einer aus den dreißiger Jahren stammenden Kamera. Niemand gab ihm die Erlaubnis dafür. Er folgte, 1965 bis 1967, Adenauer wie und wo er konnte, ein uneingeladener Gast, aus der Ferne knipsend oder von so nahe, wie es eben ging. Die erste Aufnahme, die der junge Fotograf von Adenauer gemacht hat, entstand auf dem Bonner Marktplatz während des Bundestagswahlkampfes 1965: die Geste des Rhetors, dominierend noch immer, fast triumphierend (Seite 36). Dann der Parteitag der CDU vom März 1966. Es ist der Parteitag, an dem Adenauer auch noch von dem Amt des Vorsitzenden Abschied nahm, nur dem Schein nach freiwillig. »Wenn die Herren mich nicht mehr wollen …« Meine verstorbene Freundin Dr. Gabriele Strecker, Mitglied des Vorstandes, hat mir erzählt, wie sie bei der Verabschiedung die Tränen nicht zurückhalten konnte, und da sei sie nicht die einzige gewesen. Es ist auch der Parteitag, an dem Adenauer in seiner großen Rede die Sowjetunion in die Reihe der friedliebenden Staaten einbezog, weil sie kurz vorher eine Art von Frieden zwischen Indien und Pakistan vermittelt hatte. Das sah ich im Fernsehen, und ich erinnere mich noch an die peinlich verblüfften Gesichter Ludwig Erhards und seiner Getreuen.

Wir erkennen in den Zügen Adenauers die gespannte Aufmerksamkeit des Zuhörers, zuletzt Ermattung und etwas wie Enthobenheit. Man hat das Seine getan, treu der Pflicht wie eh und je; nun kann man ausruhen und nachdenken. War es recht? … Die Fotografien zeigen den kühnen Redner während seines Vortrags und unmittelbar danach; das Bild auf Seite 39 – für mich vielleicht das beste Porträt der ganzen Reihe – den ganz Wachen, ein anderes, Seite 43, den tief Erschöpften, in Gedanken versunken.

Später, im Sommer 1966, ist wieder Wahlkampf, diesmal in Nordrhein-Westfalen, *seinem* Land, wie er es schon hatte erstehen sehen wollen fast ein halbes Jahrhundert früher. Der Redner wirkt manchmal fast jung, man würde ihn auf zwischen sechzig und siebzig schätzen, durchaus ein deutscher Herr, nicht ohne Eleganz; dann wieder wie ein Uralter – was teils an den Künsten des Fotografen liegen mag, zum anderen Teil aber an der inneren Bewegtheit des Fotografierten liegt –, der einmal ganz gegenwärtig sein kann und dann auch wie abwesend; der mit konzentriertem Ernst dreinschauen kann, mit Melancholie, mit dem Scheine von Verblüffung, mit jenem verschmitzten, das Gesicht freundlich zerknitternden Humor, so wie ich ihn in meinem Tagebuch zu beschreiben versuchte. Schließlich (Seiten 100–105) die Bilder des Abschieds, darunter Adenauer bei einem »Herrenessen« im Bonner Hotel Königshof, gelegentlich des einundneunzigsten Geburtstages. So recht fröhlich scheint der Gefeierte im Smoking nicht. Was sollen die Geburtstagsfeiern noch, so schnell wie die Jahre nun kommen und gehen? Es ist bloße Pflicht zu feiern. Zu Anneliese Poppinga, angesichts der Feier zum neunzigsten Geburtstag, hatte er gesagt: »Aber ich muß mitmachen. Ich muß es tun für die CDU, sonst entsteht der Eindruck, ich sei mit meiner Partei entzweit.« Dann wieder: »Neunzig Jahre, das ist eine Last. Und jetzt all die Geschichten. Neunzig Jahre, das muß man sich vorstellen! ... wie eine Art Museumsstück.« Und nach einer Pause: »Aber ich werde denen sagen: neunzig Jahre. Und nur zweimal im Gefängnis.« Es fügt die Memorialistin hinzu: »Wenn der Bundeskanzler traurig war oder etwas ihm sehr nahe ging, dann pflegte er dies hinter humorigen Bemerkungen besonderer Art zu verbergen. Sie waren so, daß man eher hätte weinen als lachen können.«

So zeigen diese Bilder den tiefen Ernst des Mannes, die Sorge, mitunter das Schalkhafte, Freude kaum. Aber ich liebe sie. Daß sie oft etwas Skulpturhaftes haben, muß des jungen Fotografen Absicht gewesen sein; wie er es zuwege brachte, aus der Ferne und mit seinem geringen Apparat, weiß ich nicht.

Es geschieht im hohen Alter, daß ein Menschengesicht sich bewährt, daß es zeigt, was sein Träger ist, war, bleiben wird. Dies, und eben nicht die Totenmaske, ist das »ewige Antlitz«. In der Jugend gut auszusehen, ist kein Kunststück; trifft man die ehemals Jungen im mittleren Alter wieder, dann ist der Charme weg und das Gewöhnliche nur zu deutlich geworden. Wie anders bei Konrad Adenauer! Den jugendlichen Oberbürgermeister mit Schnurrbärtchen und Zylinder hätte ich für keine *sehr* bedeutende Persönlichkeit gehalten, nur so eben für eine tüchtige und frohe. An den Bildern des Alten kann ich mich nicht satt sehen. Leid und Erfahrung, Sorge und Glaube, Verfeinerung; beinahe Verklärung.

Sie sind dahin, die Churchill und de Gaulle und Adenauer, auch die De Gasperi und Schuman, die Roosevelt und Kennedy, die Tito und Nehru, die Ben Gurion und Sadat. Wie werden wir einst die sehen, die nach ihnen kamen? Auf denen heute die Verantwortung ruht? Je ungeheurer die Aufgaben werden, welche der Mensch zu bewältigen hat, desto ernster stellen wir uns diese Frage.

Golo Mann

»Meine Damen und Herren, wenn jemand Schlafende aufweckt, damit sie aufpassen, dann ist der Betreffende kein Störenfried. Ich möchte rufen, seid wach! Seid wach für die kommenden Jahre!«

PARTEITAG

»Ich will nicht etwa, daß wir eine Art christlicher Missionsverein sind, kein Gedanke daran! Aber ich halte es für erforderlich, daß die Politik sich an den geistigen Werten der christlich-humanistischen Weltanschauung orientiert ...«

»... diese Weltanschauung über Freiheit
und Würde des Menschen hat sich im Laufe der Jahrhunderte
auf christlichem Boden entwickelt, sie ist
gemeinsames Gut beider christlicher Konfessionen.«

»Man erliegt leicht der Versuchung, sich nur mit bequemen Persönlichkeiten zu umgeben, aber das ist unklug. Es ist übrigens meine Erfahrung, daß unbequeme Politiker oftmals die produktivsten sind.«

Das Siebengebirge von Stieldorf aus

RHÖNDORF

Das Haus liegt an einem Hang, nicht weit vom Drachenfels, mit einem herrlichen Blick in das Rheintal, auf den Rolandsbogen, auf die Insel Nonnenwerth, bis hin zu den Bergen von Maria Laach. Es wurde im Jahre 1937 erbaut …

»Ich habe seinerzeit diesen Platz gewählt, um einen weiten Ausblick zu haben … Das schafft einen weiten Horizont, man kann den Sonnenuntergang beobachten, überhaupt den Gang der Sonne während des ganzen Jahres. Man sieht so viel vom Himmel. Immer wieder sind die Wolken anders, immer überrascht die Färbung des Himmels von neuem.«

Und das Haus selbst, wieviel persönliche Atmosphäre spürt man hier. Alles ist sehr gediegen und geschmackvoll, ausgesucht und wertvoll jedes Stück und voll Beziehung zu seinem Leben. Allein schon das Entree. Man sieht sogleich einen kostbaren Stich von Köln, der Stadt, in der er so lange und so gern Oberbürgermeister gewesen war. Dann eine Standuhr, die seinem Bruder Hans gehört hatte. Der Bundeskanzler zog sie jeden Abend selbst auf. Neben der Tür zum Wohnzimmer hängt ein Haussegen, von seiner Tochter

Blick vom Ölberg in das Rheintal, nach Rhöndorf und Bonn

Das Wohnhaus

Lotte kunstvoll geschrieben, als die Familie das Haus bezog.

Dann das Wohnzimmer, alles voll klarer Harmonie: ein großer Teppich, den er schon in seinem Hause als Oberbürgermeister in Köln gehabt hatte, eine Biedermeier-Uhr, eine Biedermeier-Sitzgruppe, auch aus jenen Jahren; rechts daneben eine Musiktruhe, ein hochempfindliches Stereogerät, darüber Bücherregale: der »Große Brockhaus«, daneben ein Geschichtsatlas, »Die schönsten Gedichte der Weltliteratur«, Thackeray, Dickens, Galsworthy, Platen, Goethe und eine vollständige Sammlung der parlamentarischen Reden Bismarcks seit dem Jahre 1847. Während der großen Frankreich-Reise im Juli 1962 wurden ihm kostbare Ausgaben von Montesquieu und La Fontaine geschenkt. Sie erhielten auch in diesen Bücherregalen ihren Platz ...

Neben dem Wohnzimmer liegt die »Kajüte«, ein kleiner Raum, früher nur eine überdachte Terrasse, die Mitte der fünfziger Jahre mit Glas und festen Wänden gegen Witterungseinflüsse abgeschirmt wurde. Sie war beheizbar wie das ganze Haus. Der Bundeskanzler konnte von seiner »Kajüte« aus den Blick in das Rheintal genießen. Hier frühstückte er morgens, hier aß er zu Abend nach seiner Heimkehr aus Bonn, und hier nahm er an Wochenenden auch die übrigen Mahlzeiten ein.

In der »Kajüte« stand eine Schiffsuhr, daher der Name. Sie war ein Geschenk einer Hamburger Reederei. Von Zeit zu Zeit schlug sie ihre »Glasen«. Fachkundig wurden sie mir vom Bundeskanzler erläutert, als ich sie das erste Mal hörte. Neben der Schiffsuhr ein Kreuz. Es waren drei übereinandergelegte Nägel. Sie waren ihm von Vertretern der Kathedrale von Coventry als Zeichen des Friedens geschenkt worden, Nägel der im letzten Krieg von deutschen Bombern zerstörten Kathedrale. Der Bundeskanzler achtete hoch den symbolischen Wert dieser Gabe. Er hatte die Nägel auf Samt befestigen lassen.

Der Sinn des Bundeskanzlers für Symbole zeigte sich auch in seinem Arbeitszimmer. Er wies mich hin auf eine eiserne Federschale, die auf seinem Schreibtisch stand. Sie trägt einen Bergarbeiter mit einem Karren voll Kohle. Für ihn sei dieser Bergarbeiter Symbol der Arbeit, erklärte mir der Bundeskanzler. Diese Federschale steht seit über fünfzig Jahren immer auf seinem Schreibtisch.

Fast genauso lange war in seinem Besitz eine auf Goldgrund gemalte Darstellung der Kreuztragung Christi, ein etwa zwanzig mal fünfzehn Zentimeter großes Gemälde aus dem späten Mittelalter ...

An Sonntagnachmittagen besuchte ihn regelmäßig eine seiner Töchter, entweder Ria Reiners, Lotte Multhaupt oder Libet Werhahn. Meist waren sie von ihren Ehemännern begleitet. Am Sonntagsmittagstisch nahmen teil außer dem Monsignore Dr. Paul Adenauer, der im Hause seines Vaters wohnte, sein Sohn Georg und dessen Frau Ulla, oft in diesen Jahren auch ich, nach dem Rücktritt des Bundeskanzlers wurde es zur Regel.

Im Sommer wurde, wenn immer die Witterung es zuließ, im Freien gegessen, auf einer Terrasse vor dem Eßzimmer. Man hörte das Plätschern eines Brunnens, das Rattern und Rasen der Eisenbahnzüge von diesseits und jenseits des Rheins. Man hörte das harte Tuckern eines Schleppers, der Blick ging ins Grüne und auf blühende Blumen. Es war eine friedliche Atmosphäre trotz lästiger Wespen ...

Sein Haus und seinen Garten in Rhöndorf verteidigte er eisern und erfolgreich gegen alle Einflüsse aus Bonn. Hier war seine Privatsphäre, er erlaubte der Welt des Bundeskanzleramts möglichst wenig Zugang. Es war eine große Ausnahme, wenn er einmal einen politischen Besucher dort empfing. Charles de Gaulle gehörte dazu.

Schon allein der Garten, welch eine individuelle Atmosphäre! Er habe oft schwer im Garten gearbeitet während der Nazi-Zeit, erzählte er mir, habe selbst Steine für die Terrassenanlagen den Berg heraufgetragen, Mauern angelegt, Blumen und Bäume gepflanzt, an heißen Sommertagen oftmals bis zu vierzig Kannen Wasser geschleppt. Er habe geschaufelt und gegraben und sei glücklich über die Schwielen an seinen Händen gewesen und glücklich, wenn Vögel sich ohne Scheu auf seinen Spaten gehockt hätten.

Am Beginn des Treppenaufgangs zum Haus steht ein japanischer Baum, eine prachtvolle Palownia. Dieser Baum hat große blau-violette Blüten, sie finden sich im Wappen der japanischen Kaiserin, und herzförmige Blätter, die Wappenzeichen des japanischen Kaisers ...

Aber auch weniger aparte Bäume sind in seinem Garten zu finden: Quitten, Nußbäume, Apfelbäume, Aprikosenbäume und sehr viele Kirschbäume. Einem jeden gehörte seine Aufmerksamkeit. Seine besondere Liebe und Sorgfalt galt einem alten Aprikosenbaum. Vor Jahren war er sehr krank gewesen, erzählte er mir. Immer wieder habe er ihn kräftig wässern lassen, immer wieder wurden kranke Zweige geschnitten. Und der Baum erholte sich und trug immer noch köstliche Früchte. Und überall Rosenrabatten und viele andere Blumen. Es blühte in seinem Garten vom Frühjahr bis in den November hinein, manchmal auch noch im Dezember.

Der Garten beschäftigte den Bundeskanzler viel.

Arbeitszimmer im Rhöndorfer Haus

Das Schlafzimmer

Putten im Garten –
ein Geschenk des Bundeskabinetts
zum neunzigsten Geburtstag

*Der Pavillon,
in dem Konrad Adenauer einen Teil
seiner Erinnerungen schrieb.
Blick auf die Pfarrkirche in Rhöndorf*

Ständig wurden von ihm irgendwelche Überlegungen angestellt, wo und wie er noch eine Verbesserung anbringen könne. Entweder hatte er einen neuen Brunnen in Cadenabbia gekauft oder steinerne Putten mitgebracht oder eine seltene Pflanze. Nachdem der Bundeskanzler in Italien das Boccia-Spiel kennengelernt hatte, ließ er eine Boccia-Bahn anlegen mit künstlicher Beleuchtung, so daß er auch abends nach seiner Heimkehr aus dem Bundeskanzleramt noch manch eine Partie spielen konnte.

»Memoiren? Ist das wirklich alles so wichtig? Wenn Sie wüßten, wie gering ich von mir denke.« Er drehte einen Bleistift, den er in den Händen hielt, und blickte darauf. Dann hob er den Kopf. »Notar auf dem Lande hatte ich werden wollen, und was ist aus mir geworden? Ein Aktensklave!«

Er legte den Bleistift zur Seite und stand auf. Ich reichte ihm seinen Mantel, seinen Schal, seinen Hut, seinen Stock. Wir traten vor den Pavillon. Ein Windzug kam uns entgegen. Zwei riesige Raben ließen sich auf dem Rasen nieder, schwerfällig legten sie ihre Flügel an, sie nahmen sich Zeit. Besitzergreifend, anmaßend stolzierten sie dann über gerade frisch gefallenen Schnee. Keine anderen Vögel waren zu sehen oder zu hören, nur die schwarzen Raben, gewaltig große Tiere mit todeskalten Augen. Alles ringsum erschien mir wie ausgestorben. »Ich beobachte sie schon lange«, sagte der Bundeskanzler. »Sie wohnen irgendwo oberhalb meines Gartens. Sie sind mir schon ganz vertraut. Schöne Tiere.«

Wir gingen die geschwungene Steintreppe hinauf, vorbei an der blaugrünen Zypresse, vorbei an der japanischen Tempelampel, vorbei an der Boccia-Bahn, der Schnee wie ein weißes Tuch über sie hingebreitet. Hin zu dem alten Aprikosenbaum, dem seine besondere Liebe galt.

Der Bundeskanzler nahm einen der Aprikosenzweige in die Hand, besah sich die Knospen. »In sechs bis acht Wochen wird der Aprikosenbaum blühen. Ob wohl viele Blüten erfroren sind?« Er ließ den Zweig fahren. Stützte sich auf seinen Stock, schaute auf den Baum. »Es ist doch wunderbar, mit welcher Kraft die Natur im Frühjahr durchbricht. Etwas ganz Herrliches.«

Der Aprikosenbaum begann zu blühen, als er im Sterben lag.

WAHLKAMPF

*»Das ist das Wesen echter Demokratie:
Man muß tolerieren und aufeinander Rücksicht nehmen ...
Staatsoberhaupt, Parlament und Regierung,
damit allein ist es nicht getan. Demokratie muß gelebt werden.
In der Demokratie muß jeder einzelne Bürger
das Gefühl haben und das Bewußtsein, daß er selbst
mit Träger des Staates ist.«*

*»Europa kann nicht wie Athene aus dem Haupt des Zeus springen. Und wenn es nicht auf Anhieb klappt, dann darf man nicht gleich fürchten, der Himmel fällt ein. Und man darf niemals sagen, zu spät …
Auch in der Politik ist es niemals zu spät. Es ist immer Zeit für einen neuen Anfang.«*

»Man muß auch Geduld haben, Geduld und nochmals Geduld. Und man muß nicht von vornherein mit fertigen Lösungen an die Dinge herangehen wollen. Perfektionismus kann genauso hemmend wirken, wie wenn man einfach die Hände in den Schoß legt und nichts tut.«

»Unendlich wichtig für eine erfolgreiche Politik ist, daß man niemals das Vertrauen seiner Freunde verliert! Die Methoden einer Außenpolitik können sich schon einmal ändern, aber das Vertrauen ist die Basis des politischen Zusammenwirkens, es darf nicht angetastet werden.«

Die ehemalige Boccia-Bahn neben der Villa Collina

CADENABBIA

Cadenabbia, wieviel Erholung hat der Bundeskanzler dort gefunden, wieviel Kraft sich dort geholt! Im Frühjahr 1957 hatte er das erste Mal einen Urlaub in Cadenabbia am Comer See verbracht, in der Villa Rosa, inmitten des Ortes. Dort hatte er das Boccia-Spiel gelernt und von dort aus viele reizvolle Spazierwege entdeckt. Im folgenden Jahr kehrte er nach Cadenabbia zurück, und seit der Zeit besuchte er es fast regelmäßig zweimal im Jahr. Er bewohnte die Villa Arminio und seit dem Herbst 1959 die Villa Collina. Beide Villen lagen fernab vom Verkehr, nicht gestört von dem in Italien so sehr gepflegten Autohupen und – insbesondere die Villa Collina – geschützt vor neugierigen Touristen.

Er war fasziniert von der Atmosphäre, von der Landschaft des Comer Sees. Düstere blaugrüne Zypressen, dunkle Schatten vergangenen Lebens, bestimmen das Bild, knorrige Ölbäume, die in den Parks und an den Berghängen stehen, und die spiegelblanken dunkelgrünen Blätter der Lorbeerbäume. Wenn man im Frühjahr kommt, sind die Ufer des Sees bei Cadenabbia gesäumt von tiefroter Oleanderblüte. Der

Bundeskanzler hat viele Spaziergänge gemacht, vorbei an den gelben Häusern mit ihren bunten Heiligenfresken, mit den kunstvollen, schmiedeeisernen Gittern der Balkone, von denen zartviolette Blütentrauben von Glyzinien herabhingen, vorbei an gepflegten Villen mit prachtvollen Parkanlagen und an bescheidenen Häusern an der Straße. Wohlhabend ist die Mehrzahl der Menschen hier nicht.

Über das graue Kopfsteinpflaster der engen Gassen von Cadenabbia führte der Weg vorbei an schwarzgekleideten alten Frauen, vorbei an freundlich grüßenden Männern mit harten Zügen und sonnengegerbter Haut, die ihrer Arbeit nachgingen, vorbei an neugierig staunenden Kindergesichtern, für die der Bundeskanzler meistens Schokolade mitnehmen ließ.

Am Comer See gibt es viel kleinbäuerlichen Besitz. Frühmorgens hört man Hähne krähen, man hört Kühe, Ziegen und Schafe. Gleich hinter dem Boccia-Platz der Villa Arminio erhebt sich ein stattlicher Berg, der Monte Crocione, mit sorgfältig angelegten Terrassen für Weinstöcke an seinem unteren Hang.

Während der Bundeskanzler am Spätnachmittag, nach seiner geruhsamen Teestunde, bei Einbruch der ersten Dämmerung die Boccia-Kugeln rollen ließ, sah man fast immer einen jungen Mann mit offenem Hemd und braunem lockigen Haar, der Reben schnitt oder Zweige sorgfältig band und dabei seine melodischen und gefühlvollen Lieder sang oder flötete. »Dat Flötemännchen« nannte ihn der Bundeskanzler. Über den Reben weiter hinauf liegen dann zunächst grüne Felder. Viel Mais wird hier angepflanzt und Gemüse, wo der Boden es erlaubt, und überall gibt es Obstbäume. Dann geht der Blick über graues und braunes Gestein auf den Gipfel des Monte Crocione.

Den Monte Crocione bestieg der Bundeskanzler nicht, aber manchen unwegsamen Hang. Besonders liebte er ein kleines schmales Tal, eine gute halbe Stunde Weges von der Villa Collina entfernt. Es ging dorthin bergauf und bergab, der Weg überwuchert von Unkraut und Gras, links und rechts hohes Gestrüpp und plötzlich glühendrote Rhododendron-Blüten, hohe Rhododendron-Bäume, Bäume, zu denen der Rhododendron sich nur hier in diesem milden Klima auswachsen kann.

Der Weg lohnte sich immer wieder. Das Tal und die Wege dorthin waren stets von neuem reizvoll. Im Frühjahr war es einfach zauberhaft dort. Aprikosen- und Kirschbäume in ihrer rosaroten Blüte, kaum ein Laut unserer technisierten Welt. Ab und zu erinnerte das weiße Band eines Düsenflugzeuges, das das Blau des Himmels durchzog, an die Zeit, in der wir leben. Es war friedlich hier, eine wohltuende Ruhe, verwunschen und verträumt. Der Bundeskanzler saß dann auf einem Stein – das Kissen, das seine Begleitung für ihn mit sich trug, verschmähte er meistens –, er spielte mit einem Grashalm, seinen kleinen kuriosen Pepita-Hut im Nacken, und sprach über die gegenwärtige Politik oder über die Vergangenheit, die bewegte Vergangenheit, die dieses Stück Erde hier am Comer See durchlebt hatte.

Im Herbst 1966, während seines letzten Urlaubs in Cadenabbia, sagte der Bundeskanzler, er wolle für den abschließenden Band seiner »Erinnerungen«, seiner Memoiren, ein Vorwort schreiben, in dem er von Betrachtungen über die reiche geschichtliche Vergangenheit des Comer Sees und über seine Landschaft ausgehen wollte, denn hier, so erläuterte er, habe er doch die gedankliche Hauptarbeit für seine Memoiren vollzogen, hier viele seiner Gedanken durchformuliert und hier die Grundlinien seiner »Erinnerungen« konzipiert. Dieses Vorwort blieb ungeschrieben.

Die geschichtliche Atmosphäre hatte ihn stark beeindruckt, die bewegte Vergangenheit dieses Gebietes ihn oft beschäftigt. Das Gebiet des Comer Sees scheint schon zu allen Zeiten einen starken geistigen Einfluß ausgeübt zu haben. Virgil hat den Comer See in seinen Oden besungen. Und auch Plinius der Ältere und Plinius der Jüngere haben das Leben hier beschrieben und die Schönheiten der Umgebung. Es heißt, Plinius der Jüngere hätte am gegenüberliegenden Ufer von Cadenabbia, in Bellagio, eine Villa gehabt. Bellagio – heute ein kleines verträumtes Städtchen, geprägt vom Charakter des 19. Jahrhunderts, mit verstaubten Hotelpalästen, reich an vergangener Pracht. Auch Leonardo da Vinci soll einst in Bellagio sich aufgehalten haben. Die Zahl berühmter Persönlichkeiten ist groß, die an den Ufern des Comer Sees gelebt haben.

Der Bundeskanzler hat sich manches Mal mit der Geschichte des Comer Sees befaßt. Während er auf einem Stein in dem stillen Tälchen saß, über die rosa Kirschblüten hinweg das Spiel der Wolken beobachtete und einen Grashalm in seinen Händen drehte, kamen plötzlich Fragen wie: »Wissen Sie, daß hier am Comer See die letzten Kämpfe zwischen den Langobarden und dem Exarchat von Ravenna waren?« Oder aber: »Ist Ihnen bekannt, daß hier entlang dem Comer See Barbarossa im Jahre 1176 versuchte, nach der verlorenen Schlacht bei Legnano seinen Verfolgern zu entfliehen? Beinahe hätte man ihn gefaßt!« Oder: »Wissen Sie eigentlich, warum die Kimbern nicht ganz Italien erobert haben?« Und er belehrte seine Zuhörer, sie hätten im Delta des Po ihre Lager aufgeschlagen, und dort sei Typhus ausgebrochen. Dieser habe sie praktisch vernichtet. Er hatte seine Kenntnis aus

Rosengang im Park der Villa Collina

Das alte Gewächshaus

Die steinerne Bank

einem Buch mit dem Titel »Krankheit macht Weltgeschichte«. Er fand dieses Buch hochinteressant, zeigte es doch, wie oft reine Zufälligkeiten, wie eben das plötzliche Auftreten von Krankheiten, den Gang des Geschehens entscheidend beeinflußten. Das Unberechenbare in der Politik, das sei es, was sie sehr schwierig mache, und Mut und immer wieder Mut gehöre deshalb dazu, einen als richtig erkannten Weg zu verfolgen, Mut und Ausdauer und Geduld ... Und er kam dann von konkreten Beispielen zu allgemeinen Äußerungen, während der Grashalm nach wie vor in Bewegung blieb und die Augen den Wolken folgten. So sagte er einmal, das Wissen um eine Fülle von einzelnen politischen Fakten der Vergangenheit und der Gegenwart, die Kenntnis von einzelnen Entwicklungen gebe noch keine Gewähr dafür, daß der darum Wissende eine richtige Politik befolgen und sie durchsetzen werde. Erst die Kenntnis der gesamten Entwicklungstendenzen vermittle die richtige Konzeption und führe zu einer richtigen Beurteilung der Situation. Und dazu gehöre das genaue Studium der Gegenwart und der Vergangenheit. Er sprach oft von dem hohen Wert geschichtlicher Betrachtungen. Er möchte allen jungen Menschen raten: »Studiert Geschichte, studiert Geschichte!« Das sei ungemein wichtig für die Gestaltung der Zukunft eines Volkes.

Es gab zahlzeiche Spaziermöglichkeiten in der ausgedehnten stimmungsvollen Parkanlage der Villa. Der Bundeskanzler meinte, wenn man alle die verwinkelten Wege gehen würde, wäre man wohl fast eine Stunde unterwegs. Der Hang zum See war recht steil, mit kunstvoll angelegten Terrassen, abgestützt durch Mauern, eine von ihnen fast drei Meter hoch, aus grauem Granitgestein, mit bogenförmig gewölbten Nischen; sie war eine Zierde des Parkes und bestimmte wesentlich das Bild. In ihrem Schutze wuchsen Pfirsich- und Zitronen-, Apfel- und Birnbäume. Weiter den Hang hinab standen Bananenstauden, und versteckt unter Zweigen von Nußbäumen, abgeschirmt durch hohes Bambusreet, hatte Andrea, der Gärtner, ein Gewächshaus. Serpentinenwege schlängelten sich den Hang hinauf und herab, vorbei an einem alten Kakibaum mit dürren Ästen, vorbei an japanischem Ahorn und Rosenbüschen. Durch das dichte Grün der Sträucher und Bäume fiel der Blick auf den See. Von der Straße und den am Ufer stehenden Hotels sah man nichts, man schaute direkt auf das Blau des Wassers …

Langsam gingen wir zurück zur Villa. Es sollte früh zu Abend gegessen werden. »Sehen Sie, ich muß voranmachen. Wer weiß, wieviel Zeit mir noch bleibt. In meinem Alter ist doch jeder Tag ein Geschenk …

Deshalb will ich auch jetzt die Zeit hier in Cadenabbia nutzen und meine Memoiren schreiben … Ein Rückblick hat nur dann Sinn«, sagte er, während er die Stufen zur Terrasse der Villa hinaufstieg, »wenn durch ihn die Ansätze künftiger Entwicklungen bloßgelegt werden und er damit der Zukunft dient.«

Jenseits des Sees erhebt sich eine Bergkette. Ihr höchster Gipfel, die Grigna, ragt über zweitausend Meter hoch. Sie war meistens schneebedeckt bei unseren Aufenthalten dort im Frühjahr und im Herbst, allerdings nicht jetzt im August. Und im Norden, am äußersten Ende des Sees, schaut man ins Engadin, auf seine gewaltigen Bergriesen. Es gibt eine Stelle im Park, von der aus man eine herrliche Aussicht auf sie hat. Und auch jetzt war eines der ersten Ziele des Bundeskanzlers dieser Blickpunkt.

»Ich möchte gern wissen, wie die alte Dame aussah, die diesen Park anlegte«, sagte der Bundeskanzler auf dem Weg dorthin. Nicht unweit von dem von ihm so sehr geliebten Platz stand eine steinerne Bank mit barocken Formen, davor ein runder Steintisch mit Löwenköpfen, Bank und Tisch mit schwarzgrünem Moos überwachsen. Der Blick ins Engadin und auf San Martino, eine Kapelle hoch und einsam über dem See, war durch eine Birke verdeckt. »Die Birke hat hier nicht gestanden, als die Bank aufgestellt wurde«, meinte er nachdenklich. »So geht es, die ursprünglichen Absichten werden vergessen. Die Entwicklung geht weiter, alles verändert sich ...« Wir standen an dem Steintisch. Der Bundeskanzler strich mit der Hand leicht über die dünne Moosschicht, die sich über die Platte ausgebreitet hatte. Seine Gedanken sprangen von der alten Dame und dem Steintisch und der inzwischen herangewachsenen Birke zur Politik. »Alles ist in einem ständigen Fluß, ständig wandeln sich die sozialen, die wirtschaftlichen Lebensbedingungen, die außenpolitischen Gegegebenheiten. Daher ist es so schwer, Erfahrungen weiterzugeben, und Erfahrungen sind für Politiker so unendlich wichtig.«

»Die Natur ist doch etwas Herrliches! Schauen Sie einmal dies!« Er wies hin auf die Blüte einer Passionsblume, einer Pflanze, die sich an der hohen Mauer emporgerankt hatte. Die Blüten der Passionsblume blühen nur einen Tag, dann welken sie dahin. Über der Mauer hing eine der Blüten. »Welch ein kunstvolles Gebilde – ein ganzes Jahr für diesen einen Tag!« Die weißen Blütenblätter mit ihren leicht violett gefärbten Rändern wirkten wie eine Dornenkrone, die Staubgefäße wie Nägel, und die schwarzen Stempel in der Mitte schienen wie zu einem Kreuz geordnet. »Ist das nicht ein Wunderwerk?«

Er blieb vor einer Zypresse stehen, schaute zur

Spitze des etwa acht Meter hohen Baumes hinauf. »Ist es nicht großartig, wie diese Pflanze geradc gewachsen ist? Kerzengerade! Ein Wunder ...« Weiter ging es. »Ich bin nicht übermäßig klug«, fuhr er fort. »Fleiß, Ausdauer und Geduld, Arbeit ...« Er blieb stehen. »Soll ich Ihnen einmal etwas verraten? Mein konsequentes, zielbewußtes Arbeiten mein Leben lang ist eigentlich meine beste Tugend, und dazu Beobachtungen und gesunde Skepsis, nicht nur Menschen, auch Entwicklungen gegenüber.«

»Wenn man so alt ist wie ich, dann beginnt man doch die Last der Jahre zu spüren. Aber das Alter hat einen wichtigen Vorzug gegenüber der Jugend, und das ist der Schatz an Erfahrungen, und die kommen nur im Laufe der Jahre.«

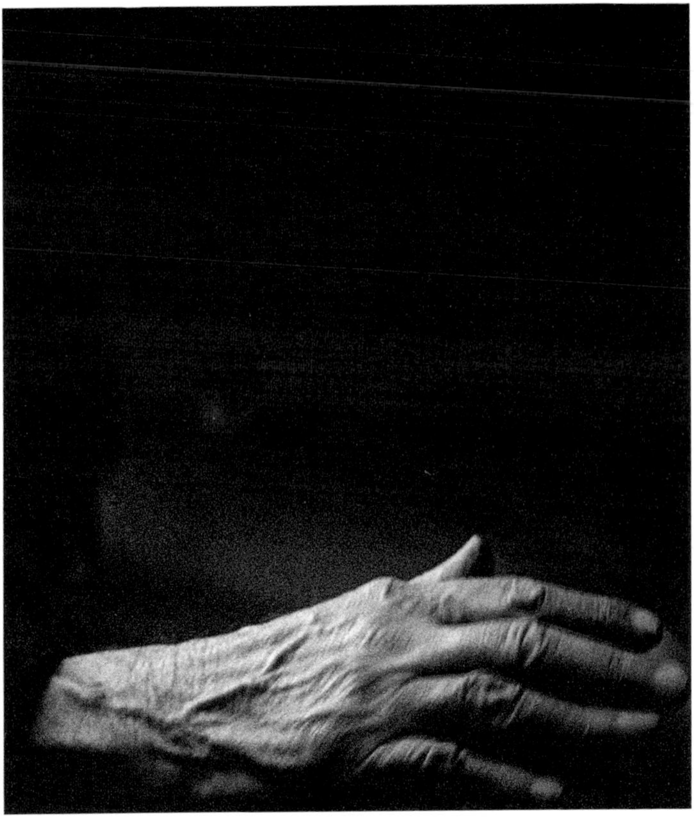

*»Ein Volk muß stetig sein. Ein unstetes Volk,
ein Volk, dessen Politik hin- und herschwankt, steht allein da, es
ist kein Verlaß auf dieses Volk, es hat keine Freunde.
Und wir, unser Volk, wir in unserer schwierigen Lage, wir brauchen
Freunde in der Welt, sonst sind wir verloren.«*

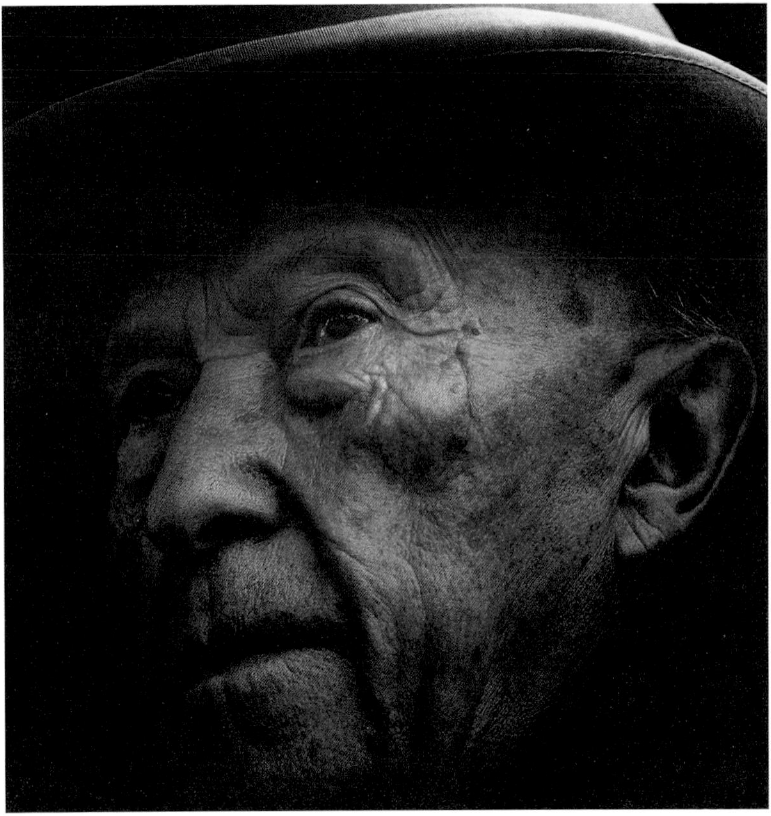

»Wir Deutschen dürfen unser Haupt wieder aufrecht tragen, denn wir sind im Bund der freien Nationen ein willkommenes Mitglied geworden.«

Der Weg in das »Gespenstertal«

DAS TAL

Das »Gespenstertal« war eine großartige Entdeckung. Oberhalb von Loveno, in Richtung auf die Berge, war eine herrliche Wiese, ideal geeignet zum Spazierengehen. Am Wegrand wuchsen Prachtexemplare wilder Christrosen. Der Weg über die Wiese stieg leicht an und führte zu einer kleinen, mit einem Marienbild und künstlichen Blumen geschmückten Kapelle, die – verstaubt und halb verfallen – auf der höchsten Stelle des Weges lag.

Hatte man die Kapelle erreicht, öffnete sich der Blick in ein schmales, dunkles Tal. Es wirkte wie ausgestorben. Die Berge verhinderten, daß Sonnenstrahlen hineinfielen. Zu Füßen der Kapelle, in der Sohle des Tales, standen vier oder fünf Häuser, sie schienen unbewohnt …

Oft ist der Bundeskanzler den Weg hinab in dieses Tal gegangen, es zog ihn immer wieder dorthin zurück, wo eine verlorene, von der Gegenwart abgerissene Vergangenheit ihr einsames Inseldasein führte. Vermoderndes Gebälk, ein weißer Totenkopf auf einer der Türen des früher wohl stattlichsten Gebäudes, hier und da eine einzelne Rose an einem alten knorrigen, moosbedeckten Rosenstock, eine einstmals riesige Tanne, die, durch einen Blitz getroffen, in der Mitte halbiert nun ihren amputierten Stumpf mit breit ausladenden Zweigen wie klagend gegen den sonnenlosen Himmel hob. »Gespenstertal« – der Bundeskanzler gab diesen Namen. Es war treffend. Trauriger, trostloser und unheimlicher konnte es kaum sein.

»In was für eine Zeit sind wir verurteilt zu leben«, sagte der Bundeskanzler.

»Was für gewaltige Veränderungen haben sich im Laufe der letzten Jahrzehnte vollzogen – was für Sprünge. Von den politischen Veränderungen jetzt einmal ganz abgesehen: Kaum vierzig Jahre seit dem ersten Flug über den Atlantik – und jetzt, Raketen zum Mond! In meiner Jugend das erste Grammophon – jetzt Geräte nicht größer als eine Streichholzschachtel, mit denen man auf weite Entfernungen hören kann, durch noch so dicke Hauswände hindurch, was gesprochen wird …

Da schickt man nun Raketen zum Mond, und dabei weiß die arme geplagte Menschheit offenbar nicht einmal mehr, welch ein Besitz Kultur ist, wie gefährdet sie ist, und vor allem, wie schwer es ist, Kultur, wirkliche Kultur hervorzubringen. Wie leicht wird sie zerstört und verfällt sie, und wie schwer wird eine neue geschaffen.«

Durch das Tal schäumte ein reißender Bach. Darüber führte eine Bogenbrücke aus grauen, verwitterten Natursteinen, an der ein schwarzes Metallstück hing, das aussah wie die Schlaufe eines Galgens. Hinter den Häusern erhob sich ein Berg mit düsteren Tannen. Ein halb verfallener Turm, hoch auf einem steil zum Tal hingewandten Felsen, zeichnete sich dunkel gegen den Himmel ab.

Ganz ohne Leben war es hier aber offenbar doch nicht. Bei einem unserer Besuche stand in einer der leeren Fensterhöhlen ein Paar hoher Schaftstiefel, man hörte das Blöken von Schafen, und das harte, aufdringliche Gekläffe eines Hundes versuchte, uns zu verscheuchen.

Bis vor etwa vierzig, fünfzig Jahren war hier eine Seidenspinnerei gewesen, der Bach hatte ihre Maschinen mit der nötigen Kraft versorgt. »Wenn man bedenkt, welches Leben hier einmal war, mit welchen Hoffnungen alles aufgebaut wurde, man sah Erfolg. Und dann – völlig unvorhergesehen – kam die Elektrizität, und man konnte bald nicht mehr konkurrieren.«

Es war an einem Nachmittag, wir saßen oberhalb des Tales und schauten hinunter, als der Bundeskanzler diese Betrachtungen anstellte. »So geht es im Leben. Man baut etwas auf, setzt einen Stein auf den

Die Kapelle

Der Bach

Die Bogenbrücke

Die Ruine der Seidenspinnerei

anderen, freut sich, wie das, was man geschaffen hat, wächst. Und dann plötzlich kommt eine völlig neue Entwicklung. Oder aber auch, man ist nicht mehr da, die Kinder und die Nachfolger wissen nichts mehr mit dem anzufangen, was einem am Herzen lag, und das in mühsamer Arbeit Aufgebaute zerfällt. So geht es nun einmal, das ist nun einmal so.« Der Bundeskanzler wirbelte seinen Spazierstock durch die Luft und war mit den Gedanken ganz woanders.

»In der Politik ist es ja genauso. Dann kommt eine neue Generation und meint, alles besser machen zu können und von der Vergangenheit nichts lernen zu brauchen.«

ABSCHIED

»Sind wir nicht durch die Not, in der wir waren, durch die großen Anstrengungen, uns aus ihr zu befreien, sind wir nicht durch all dies zu materiell im Denken geworden? Wie steht es mit dem geistigen Aufbau? Ist da nicht einiges vernachlässigt worden? Steckt er nicht erst in seinen Anfängen?«

*»Die Sehnsucht, die die Menschheit ergriffen hat,
daß der Krieg sich durch seine eigene Furchtbarkeit überlebt
haben möge, diese Sehnsucht lebt stark und tief
auch in den Herzen der Deutschen.«*

»Alles Leben auf dieser Welt ist voll Unruhe. Das ist ein Geheimnis, dessen Grund wir niemals ganz verstehen werden ... Unsere Aufgabe ist es, uns nicht von ihr treiben zu lassen, sondern ihrer Herr zu werden, sie zu beherrschen und die in ihr geborgene Kraft zum Guten zu wenden.«

»Es war ein schweres Leben, aber auch ein schönes Leben. Denn in der Politik finde ich den Kampf, namentlich wenn er erfolgreich ist, wunderbar und schön. Ohne Kampf ist es langweilig. Daher sehe ich diese Jahre, die schwer waren, während eine unendliche Arbeitslast auf einem lag, mit großer innerer Befriedigung an mir vorbeiziehen.«

Mit Konrad R. Müller
Bonn, März 1966

NACHWORT

Die Geschichte dieses Buches beginnt 1936, vier Jahre vor meiner Geburt. Während der Olympischen Spiele in Berlin kam mein Vater eines Tages mit einer Kamera nach Hause, die er im Schwimmstadion von einem polnischen Zuschauer im Tausch gegen seinen Feldstecher erworben hatte. Später machte der Krieg dem Hobby des Vaters ein Ende. Der Fotoapparat wurde als Wertobjekt in ein sicheres Versteck getan – und fünfzehn Jahre lang vergessen. Erst 1960, kurz vor einer großen Familienfeier, entdeckte ich das gute Stück in einem Wäscheschrank. Es war in mehrere Kissenbezüge gehüllt und unversehrt.

Um diese Zeit hatte ich bereits viel von Europa gesehen, war als eine Art Berufstramper herumgekommen, vornehmlich in mediterranen Ländern.

Auf einem dieser Streifzüge lernte ich in Rom einen Musiker kennen, der dem damaligen Kardinalstaatssekretär Cicognani Klavierstunden gab. Dieser Musiker brachte es aufgrund seiner Beziehungen zu höchsten vatikanischen Kreisen fertig, meiner Familie Karten für eine Generalaudienz in St. Peter zu besorgen, anläßlich der Silberhochzeit meiner Eltern. Ich war ausersehen, das große Ereignis fotografisch festzuhalten. Selbstverständlich ging das Unternehmen schief. Als wir unter der Kuppel von Bernini saßen, einen Luftzug nur vom Heiligen Vater entfernt, versagte ich auf der ganzen Linie. Ich trug den gewendeten Hochzeitsanzug meines Vaters und darunter »meine« Kamera, mit der ich heimlich, zwischen den Stühlen hindurch, vier Bilder machte. Das Resultat war vernichtend: falscher Film, falsche Belichtung, falsche Entfernung. Eine einzige Vergrößerung existiert noch, auf der das erste prominente Opfer meiner Fotokunst schemenhaft zu erkennen ist: Papst Johannes XXIII.

Fast unnötig zu erwähnen, daß die Kamera auf der Rückreise nach Berlin zu Bruch ging. Erneut wurde sie für Jahre beiseite gelegt.

Nach dieser Generalprobe zu meinem späteren Beruf beschloß ich, Künstler zu werden, unabhängig von technischen Hindernissen. Bei Professor Hans Jaenisch studierte ich ab 1962 Malerei an der Hochschule für Bildende Künste in Berlin. Es war das Jahr der Spiegelaffäre. Sie beflügelte mein Interesse an dem großen alten Mann aus Rhöndorf. Anders als die meisten Studenten meiner Klasse hatte ich wenig Neigung zu revolutionären Ideen, setzte mich auch äußerlich von ihnen ab, kleidete mich (spieß-)bürgerlich: weißes Hemd, schwarze Krawatte, dunkles Sakko.

Als ich meinem Professor dann die ersten Adenauer-Porträtskizzen vorlegte, die ich als Schüler zunächst nur für mich in meiner Dachkammer nach Zeitungsabbildungen angefertigt hatte, wurde ich in meiner Klasse vollends isoliert und belächelt. Mir war das egal, ich hatte ein Gesicht entdeckt, das mich lange und intensiv beschäftigen sollte. Das Gesicht eines Mannes der Öffentlichkeit, ein *ver*öffentlichtes Gesicht.

Aber gesehen hatte ich Konrad Adenauer noch kein einziges Mal.

Das geschah dann zufällig während einer Studienreise in den Rest der Bundesrepublik, wie wir aus Berliner Sicht den westlichen Teil Deutschlands nannten. Am 15. Oktober 1963 setzte ich mich von meiner Reisegruppe ab und fuhr mit der Rheinuferbahn von Köln nach Bonn.

Adenauers Kanzlerschaft ging unwiderruflich dem Ende zu; die Abschiedsbesuche in den Bundesländern und vielfache Ehrungen lagen bereits hinter ihm. An seinem letzten Tag als Bundeskanzler wurde zu seinen Ehren eine Messe im Bonner Münster gelesen, bevor ihn Eugen Gerstenmaier vor dem Plenum des Deutschen Bundestages mit den Worten »Konrad Adenauer hat sich um das Vaterland verdient gemacht« auf die Abgeordnetenbank entließ.

Eingekeilt in einer Menschenmenge wartete ich vor dem Portal, bis Konrad Adenauer an der Seite des Bundespräsidenten Heinrich Lübke aus dem Münster trat und ich das Objekt meines Zeichenstiftes zum ersten Mal leibhaftig vor Augen hatte. In meiner Erinnerung ist er sehr viel größer, als die Chronisten ihn heute beschreiben. Es muß wohl an diesem Tage gewesen sein, daß ich den abenteuerlichen Entschluß faßte, über den Mann ein Buch zu machen: ein Buch mit Porträt- und Handstudien. Ich hatte damals nicht die Phantasie, mir auszumalen, daß ich damit noch dreiundzwanzig Jahre würde warten müssen.

1965 saß ich, mit einer Gästekarte versehen, auf der Tribüne des Bundesparteitags der CDU in Düsseldorf. Damals sammelte ich alles, was ich über Konrad Adenauer in Erfahrung bringen konnte. Ich las viel über ihn, archivierte jede noch so kleine Zeitungsnotiz und verfügte bald über eine stattliche Anzahl von Adenauer-Interviews und -Reden auf Tonband. Der innere Antrieb, mich nicht nur passiv mit meinem Helden zu beschäftigen, sondern das Buch in Angriff zu nehmen, wurde immer stärker. Man darf nicht vergessen: Adenauer war, als ich dann aufbrach, ihn zu fotografieren, im neunzigsten Lebensjahr – für einen Fünfundzwanzigjährigen ein unvorstellbares Alter.

Ich erinnere mich nicht mehr, wie ich meine Scheu

vor Kamera und Technik überwand. Jedenfalls lag der Fotoapparat, repariert und mir leihweise von den Eltern überlassen, in meiner Reisetasche, als ich im September 1965 am Grenzübergang Dreilinden stand, um erneut nach Bonn zu fahren, dieses Mal per Autostop. Ziel meiner Reise war der Münsterplatz, wo Adenauer in der Schlußphase des Bundestagswahlkampfes Hauptredner einer Veranstaltung der Christlich Demokratischen Union sein sollte, unter dem Standbild Ludwig van Beethovens.

Damals war es für einen jungen Menschen ohne Auftrag, der weder gebeten noch ausgewiesen qualifiziert war, durchaus noch möglich, sich einem der Großen der Zeit zu nähern, und so entstanden die ersten Bilder dieses Buches. Um aber meinen Wunsch realisieren zu können, Konrad Adenauer häufiger zu sehen, nicht nur bei jedermann zugänglichen Terminen, brauchte ich die Hilfe jener, die täglichen Umgang mit ihm hatten. So suchte ich als erstes Kontakt zu Peter Seibert. Er war Adenauers Chauffeur und fuhr seinen Chef an jedem Morgen von Rhöndorf nach Bonn. Man mußte nur zur rechten Zeit am Grundstück Zennigsweg 8 a sein, um Konrad Adenauer anzutreffen. Der alte Herr konnte seinen Wagen nur über zahlreiche Stufen auf einem schmalen Weg hinunter zur Straße erreichen, da wegen der exponierten Lage des Wohnhauses am »Faulen Berg« eine Zufahrt nicht möglich war. Ich bin einige Male in Rhöndorf gewesen, um diese gute Situation zu nutzen. Hier lernte ich außerdem sehr schnell, wie wichtig es ist, von den Sicherheitsbeamten toleriert zu werden. Vermutlich fiel ich den Mitarbeitern Adenauers auch derart auf die Nerven, daß sie mich schließlich gewähren ließen, um endlich Ruhe zu haben.

Gegen Mittag des 19. September 1965 befand ich mich unter den Pilgern, die den Staatsbürger Adenauer auf dem Weg in ein Wahllokal begleiteten. Er konnte an diesem Abend der Bundestagswahl ruhig zu Bett gehen, ohne die Auszählung der Stimmen abgewartet zu haben (was er wohl ohnehin nie tat). Die Koalition aus CDU/CSU und FDP unter Ludwig Erhard war noch erfolgreich. Willy Brandt verzichtete auf eine weitere Kanzlerkandidatur und blieb in Berlin.

Am Vorabend seines neunzigsten Geburtstages sah ich Konrad Adenauer wieder. Die CDU hatte zu einem großen Fest in die Bonner Beethovenhalle geladen. Tags darauf ehrte der Deutsche Bundestag seinen Alterspräsidenten mit einem Empfang im Foyer des Bundeshauses. Ich saß im Büro des Franktionsvorsitzenden Rainer Barzel, neben mir eine lebensgroße Porträtskizze Adenauers, die ich dem Jubilar persönlich überreichen zu können hoffte. Eigentlich war ich ja

Kunststudent und hatte lange an dem Werk gearbeitet. Aber: aus meinem Auftritt sollte nichts werden. Man hatte mich vergessen. Erst als die Feier längst vorüber war, entdeckte mich ein Bediensteter des Bundestages. Er nahm das Bild an sich, und vermutlich landete es in der sogenannten Gruselkammer, wo Politiker Geschenke wohlmeinender Mitbürger einem traurigen Schicksal überlassen.

Ich versuchte mich damit zu trösten, daß ich ja längst mein Handwerkszeug vertauscht hatte.

Am 22. März 1966 saß ich – endlich! – mehrere Minuten neben Konrad Adenauer, hoch über den Delegierten des Bundesparteitages in der Beethovenhalle. Rainer Barzel hatte mich dem Vorsitzenden vorgestellt, und es kam während des kurzen Gesprächs zu der von mir erhofften Einladung an den Comer See. Adenauer verbrachte dort regelmäßig einige Wochen im Frühjahr und im Herbst, um an der Niederschrift seiner Erinnerungen zu arbeiten. Leider ist meine Reise nach Cadenabbia zu Lebzeiten des Alten nicht mehr zustande gekommen. Die Villa Collina, den Park und die Landschaft sah ich erst im Herbst 1985, zwanzig Jahre später.

Während des Parteitages übernahm Ludwig Erhard den Vorsitz der CDU, Konrad Adenauer blieb einfacher Abgeordneter des Deutschen Bundestages bis an sein Lebensende. Seiner Vitalität tat das offensichtlich keinen Abbruch, denn als Peter Seibert am Ende eines langen Wahlkampftages seinen Chef vom Kölner Gürzenich nach Rhöndorf fuhr, war dieser am Ende frischer als sein Troß. Jener Tag im Juni 1966, kurz vor der nordrhein-westfälischen Landtagswahl, brachte mir eine Reihe guter Porträts. Aber ich weiß nicht, ob das Erlebnis von Adenauers körperlicher und geistiger Kraft nicht beeindruckender für mich war als meine Ausbeute an Fotografien.

Nach dem schlechten Abschneiden der CDU bei dieser Wahl waren die Tage des Kanzlers Erhard gezählt, und die auch von Adenauer favorisierte Große Koalition war in greifbare Nähe gerückt.

Ich sah Konrad Adenauer ein letztes Mal an seinem einundneunzigsten Geburtstag, ein gutes Vierteljahr vor seinem Tod. Als fotografierender Zaungast war ich bei einem Frühstück, dem traditionellen Empfang in der Godesberger Redoute und am Rande eines Herrenessens im Hotel Königshof in Bonn.

Das Rhöndorfer Haus besuchte ich erst wieder im Frühsommer des Jahres 1986, um letzte Aufnahmen für diesen Band zu machen.

Konrad R. Müller

LEBENSDATEN

1876

5. Januar: Konrad Adenauer wird in Köln geboren als Sohn des Sekretärs und späteren Kanzleirates am Oberlandesgericht Köln Konrad Adenauer (1833–1906) und dessen Ehefrau Helena, geb. Scharfenberg (1849 bis 1919); zwei ältere Brüder (August und Hans) und eine jüngere Schwester (Lilly).

Adenauer über seine Geburtsstadt Köln: »... Sie wissen, daß ich hier geboren bin, daß ich meine Jugend hier verbracht habe, daß dieser Stadt die Kraft meiner Mannesjahre gegolten hat. Aber was ich dieser Stadt gegeben habe, das hat mir dieser Boden und diese Stadt hundertfach wiedergegeben. Denn was ich bin – im Guten und im Schlechten –, das ist gewachsen auf diesem Boden und geformt worden von dieser Umgebung und in dieser Atmosphäre.« (Am 2.1. 1951 anläßlich der Verleihung des Ehrenbürgerrechts der Stadt Köln)

1894

Abitur am Apostelgymnasium in Köln. Anschließend Banklehre im Bankhaus Seligmann in Köln; da beide älteren Brüder noch studierten, fehlte für Konrad Adenauer zunächst das Geld für ein Studium. Jedoch dank eines Stipendiums noch im Mai 1894 Beginn des Jurastudiums in Freiburg, München und Bonn.

1897

Erstes juristisches Staatsexamen.

1901

Zweites juristisches Staatsexamen. Konrad Adenauer wird als Assessor bei der Staatsanwaltschaft Köln eingestellt.

1903–1905

Tätigkeit in der Kanzlei des Kölner Rechtsanwalts Hermann Kausen.

1904

28. Januar: Heirat mit Emma Weyer. Kinder: Konrad (1906), Max (1910) und Ria (1912).

1905–1906

1. Dezember 1905 – 9. Mai 1906: Hilfsrichter beim Landgericht Köln.

7. März: Ernennung zum Beigeordneten der Stadt Köln (Amtsantritt: 10. Mai 1906).

1909

Erster Beigeordneter und damit Erster Stellvertreter des Oberbürgermeisters.

1914

1. August: Ausbruch des Ersten Weltkrieges.

1916

6. Oktober: Tod von Emma Adenauer.

1917

März: Autounfall; Adenauer muß seine Tätigkeit für mehrere Monate unterbrechen.

18. September: Einstimmige Wahl durch die Kölner Stadtverordnetenversammlung zum Bürgermeister auf zwölf Jahre.

21. Oktober: Verleihung des Titels Oberbürgermeister durch Erlaß des Königs von Preußen.

1918

12. Februar: Ernennung zum Mitglied des Preußischen Herrenhauses »auf Lebenszeit«; diese Mitgliedschaft erlosch mit dem Ende des Kaiserreiches.

8. November: Revolution. Adenauer wird vom Kölner Arbeiter- und Soldatenrat zum »Beauftragten für Ruhe und Ordnung« ernannt.

9. November: Ausrufung der Republik in Berlin.

10. November: Waffenstillstand; Köln wird britisches Besatzungsgebiet.

Adenauer über diese Zeit: »... In Köln sah es damals trostlos aus ... Die Bevölkerung hungerte. Das gebrechliche Gebäude der staatlichen Zwangsbewirtschaftung der Lebensmittel, das bis dahin der Bevölkerung wenigstens den allernotwendigsten Lebensbedarf gesichert hatte, war zusammengebrochen, die Zufuhren stockten, die täglichen Vorräte schwanden dahin. Gesetze und Verordnungen wurden nicht mehr beachtet, die rationalisierten Lebensmittel ohne Marken verkauft, alle Autorität war geschwunden ... Der Winter stand vor der Türe, keine Kleidung, kein Brand, keine Kartoffeln, kein Mehl für die hungernden Massen. Das gesamte Wirtschaftsleben, das bis dahin ganz auf den Krieg eingestellt war, stockte plötzlich; die Arbeitslosigkeit war katastrophal, die heimkehrenden Soldaten ohne Arbeit, ohne Kleidung, vielfach ohne Obdach.« (Aus einem Redeentwurf vom 10.3. 1933. In: »Konrad Adenauer. Reden 1917–1967«, herausgegeben von Hans-Peter Schwarz, Stuttgart 1975)

1919

1. Februar: Rede Adenauers im »Hansasaal« in Köln vor einer Versammlung der linksrheinischen Abgeordneten zur Nationalversammlung, der preußischen Lan-

desversammlung und der Oberbürgermeister der besetzten rheinischen Städte. Vorschlag zur Bildung eines westdeutschen Bundesstaates im Verband des Deutschen Reiches und Forderung nach Überwindung des deutsch-französischen Gegensatzes.

12. Juni: Wiedereröffnung der Kölner Universität. In einer Rede aus diesem Anlaß Warnung vor zu harten Friedensbedingungen für Deutschland; Appell, sich auf die Einheit Europas zu besinnen.

25. September: Heirat mit Auguste Zinsser (genannt Gussie). Kinder: Ferdinand (1921, gestorben nach wenigen Tagen), Paul (1923), Lotte (1925), Elisabeth (genannt Libet, 1928) und Georg (1931).

1921

7. Mai: Wahl zum Präsidenten des Preußischen Staatsrates. Adenauer wird in diesem Amt bis 1933 immer wieder durch Wahl bestätigt. Außerdem hatte Adenauer bis 1933 u.a. folgende Ämter inne: Vorstandsmitglied der Zentrumspartei; Vorsitzender des Rheinischen Provinzial-Ausschusses; Mitglied des Rheinischen Provinzial-Landtages; Erster Vorsitzender des Kuratoriums der Universität Köln.

Mai: Kandidatur für das Amt des Reichskanzlers; erneute Kandidatur im Mai 1926. Hierzu Adenauer im Rückblick: »... Ich hatte eine direkte Verbindung zu den maßgebenden Männern der Reichsregierung und kannte die führenden Politiker zum großen Teil persönlich. Und zweimal wäre es beinahe dazu gekommen, daß ich Reichskanzler wurde, das eine Mal war sogar bereits ein Termin beim Reichspräsidenten vereinbart, allerdings war das geschehen, bevor ich meine endgültige Zustimmung gegeben hatte. Ich habe mich später oftmals gefragt, ob ich nicht doch damals das Amt hätte übernehmen sollen, ob es mir vielleicht gelungen wäre, die Nazis nicht hochkommen zu lassen. Aber ich glaube, meine damalige Entscheidung war richtig, ich hatte keine Chance, ich hätte nicht viel ausrichten können, denn ich hätte mich nicht auf eine nötige Mehrheit im Reichstag stützen können ...« (Anneliese Poppinga, »Meine Erinnerungen an Konrad Adenauer«, Stuttgart 1970, S. 251)

1922

27.–29. August: Präsident des 62. Deutschen Katholikentages in München. Konrad Adenauers Forderung: »Soweit wir das irgendwie können, müssen wir mit Bestrebungen Gleichgesinnter im evangelischen Lager

Hand in Hand gehen und suchen, uns gegenseitig zu unterstützen und zu fördern.« In dieser Rede u.a. Auseinandersetzung mit sozialpolitischen Problemen der Großstädte, Anprangerung des materialistischen Zeitgeistes, Ablehnung der verschiedenen Richtungen des Sozialismus, Verurteilung des Friedensvertrages von Versailles.

1924

Mai: Feierliche Eröffnung des Kölner Messegeländes in Anwesenheit von Reichspräsident Friedrich Ebert, Reichskanzler Wilhelm Marx, Reichsaußenminister Gustav Stresemann, Reichsinnenminister Carl Severing u.a.

Weitere Höhepunkte aus Adenauers Zeit als Oberbürgermeister: Anlegung von Grünanlagen rings um Köln, hierzu Adenauer: »Man mußte doch auf weite Sicht planen. Man mußte doch an die weitere Entwicklung denken, den Menschen mußte Gelegenheit gegeben werden, aus dem Häusermeer hinaus ins Grüne zu kommen ...« (Poppinga, a.a.O., S. 250); »Jahrtausendausstellung«, eine Kulturausstellung aus Anlaß der tausendjährigen Zugehörigkeit des Rheinlandes zu Deutschland; Bau eines Sportstadions, hierzu Adenauer aus Anlaß der Eröffnung: »Der Sport ist der Arzt am Krankenlager des deutschen Volkes.« Bau einer Hängebrücke; die erste und wohl bisher einzige internationale Presseausstellung, die »Pressa«; Bau einer Autobahn zwischen Köln und Bonn. Adenauer über seine Tätigkeit als Oberbürgermeister: »Ich war gezwungen, selbständig zu handeln und allein zu entscheiden. Das war gut für mich. Ich lernte aber auch, daß man die Verantwortung nicht ganz allein trägt. Und die Arbeit im Stadtparlament zeigte mir, daß auch der politische Gegner recht vernünftige Ansichten haben kann.« (Poppinga, a.a.O., S. 251)

1929

17. Dezember: Wiederwahl mit nur einer Stimme Mehrheit zum Oberbürgermeister auf weitere zwölf Jahre.

1933

30. Januar: Ernennung Adolf Hitlers zum Reichskanzler.

6. Februar: Adenauer lehnt es ab, Hitler, der zu einer Wahlveranstaltung nach Köln kommt, am Flugplatz abzuholen. Adenauer setzt durch, daß Hakenkreuzfahnen, die auf der Köln-Deutzer Brücke auf dem Weg zu der

Wahlveranstaltung Hitlers gehißt worden sind, heruntergenommen werden.

5. März: Wahlen zum Reichstag.

12. März: Kommunalwahlen in Köln; Verleumdungs- und Hetzkampagne gegen Adenauer. Die NSDAP wird in Köln stärkste Partei.

13. März: Amtsenthebung Adenauers als Oberbürgermeister; förmliche Absetzung am 17. Juli als »national unzuverlässig« nach § 4 des Gesetzes zur Wiederherstellung des Berufsbeamtentums.

April: Unterschlupf im Benediktiner-Kloster Maria Laach; einjähriger Aufenthalt dort.

1934

Mai: Adenauer zieht mit seiner Familie nach Berlin-Neubabelsberg um.

In Berlin ist ein Disziplinarverfahren gegen Adenauer anhängig. Er ist der Auffassung, er könne sich dort selbst am besten verteidigen.

30. Juni: Vorübergehende Verhaftung im Zusammenhang mit dem Röhm-Putsch.

1935

1. Mai: Umzug nach Rhöndorf, zunächst in ein gemietetes Haus.

1935–1936

Ausweisung aus dem Regierungsbezirk Köln, zu dem Rhöndorf gehörte; Adenauer muß getrennt von seiner Familie in Unkel/Rhein leben.

Ende des Disziplinarverfahrens; das Verfahren wird eingestellt. Anschließend Vergleich mit der Stadt Köln; Rückzahlung eines Teiles der Pension und Zahlung einer Entschädigung für sein zwangsenteignetes Kölner Haus; mit diesem Geld Kauf eines Baugrundstückes (alter Weinberg) in Rhöndorf.

Bis Ende des Krieges steht Konrad Adenauer unter ständiger Beobachtung der Geheimen Staatspolizei (Gestapo).

1936–1937

Hausbau; Einzug der Familie Adenauer Weihnachten 1937; Adenauer lebt hier bis zu seinem Tod.

1939

1. September: Beginn des Zweiten Weltkrieges.

1944

23. August: Im Zusammenhang mit dem Putschversuch gegen Hitler vom 20. Juli in einer zweiten großen Verhaftungswelle Festnahme Adenauers; Fluchtversuch: Adenauer hält sich als »Dr. Weber aus Bremen« zwei Wochen in Nistermühle, Westerwald, verborgen. Verhaftung von Frau Gussie Adenauer. Erneute Verhaftung Adenauers; Einzelhaft im Gestapogefängnis Brauweiler; Entlassung am 26. November.

1945

19. März: Adenauer wird nach Einzug amerikanischer Truppen in Rhöndorf zunächst als Berater der Militärregierung in der seit 6. März unter amerikanischer Besatzung stehenden Stadt Köln, ab 4. Mai als Oberbürgermeister seiner Heimatstadt eingesetzt.

8. Mai: Kriegsende.

21. Juni: Ablösung der amerikanischen Besatzung durch britische Truppen.

Adenauer über die damalige Situation in Köln anläßlich der ersten Sitzung der von der britischen Militärregierung ernannten Kölner Sadtverordneten-Versammlung am 1.10. 1945: »... Wenn man auf der rechten Rheinseite steht, mitten unter den Trümmern, unter Hunderten von Rückwanderern, die bleich, müde, abgehärmt ihre Habseligkeiten, das Wenige, das sie noch besitzen, mit sich schleppen, wenn man dann vor sich im Strom die gespenstischen Trümmer unserer einst so schönen Brücken sieht, und drüben, drüben auf dem linken Rheinufer ein unendliches Meer von zerstörten Häusern, in denen einst glückliche Menschen gewohnt haben, von Gebäuden und Kirchen, die fast tausend Jahre gestanden haben, und wenn man über allem in einsamer Größe den Dom sieht, unseren Dom, auch geschändet und zum Teil zerstört, wem krampft sich da nicht das Herz zusammen? Wer von uns möchte dann nicht verzweifeln ob der Größe dieser Not! Und doch wollen wir nicht verzweifeln. Wir wollen arbeiten. Es ist ein harter und steiniger Weg, der vor uns liegt. Wir sehen nur seinen trümmerbedeckten

Anfang. Wir sehen nicht sein Ende. Wir wollen diesen Weg gehen. Wir wollen ihn gehen mit aller Kraft, die uns noch verblieben ist. Wir wollen ihn gehen mit Geduld, die stärker ist als alles. Mit hingebender Liebe zu unserem Volke und zu unserer Stadt. Eines soll uns dabei trösten und stärken: Es ist ja doch noch derselbe Strom, der zu unseren Füßen fließt, unser Rhein, der Strom, dem Köln seinen Wohlstand und seinen Glanz, dem es den offenen und heiteren Geist verdankt, der seine Bewohner auszeichnet. Er strömt nach wie vor durch Köln, und nach wie vor weisen die Türme, die unser Dom gen Himmel reckt, ungebrochen zum Himmel empor. So wollen wir gemeinsam ans Werk gehen. Gebeugt, tief gebeugt, aber – meine Damen und Herren – nicht gebrochen.« (Verhandlungen der Stadtverordneten-Versammlung zu Köln vom Jahre 1945, Köln o.J., l. Sitzung vom 1.10. 1945, S.5ff.)

6. Oktober: Entlassung durch den britischen Militärgouverneur John Barraclough; Verbot jeglicher politischer Betätigung unter Androhung eines Militärgerichtsverfahrens.

14. Dezember: Teilnahme Adenauers am Reichstreffen der CDU in Bad Godesberg; unmittelbar zuvor Aufhebung des Verbots politischer Betätigung. Beginn der

parteipolitischen Arbeit Adenauers und seines Aufstiegs in der CDU.

1946

1. März: Wahl zum Vorsitzenden der CDU der Britischen Besatzungszone; Verabschiedung eines von Adenauer eigenhändig entworfenen Parteiprogramms für die CDU der Britischen Besatzungszone.
Adenauer in einem Rückblick auf diese Tagung: »... wir wollten eine große Volkspartei gründen, eine Volkspartei, in die jeder eintreten konnte, gleichgültig, welche Konfession er hatte, gleichgültig auch, welchen Beruf er ausübte. Denn wir wußten, daß Deutschland nur von einer großen Volkspartei wiederaufgebaut werden konnte. Wir wollten die Fehler der Weimarer Republik mit ihrer Vielfalt von Parteien verhüten, der Weimarer Republik, die infolgedessen ständig von einer Krise in die andere geriet. Und, meine Damen und Herren, wir wollten eine christliche Partei gründen. Denn wir alle, die wir damals zusammen waren, hatten doch miterlebt, wohin ein Volk, wohin eine Partei kommt, wenn sie, wie das der Nationalsozialismus getan hat, die Religion verneint, die ethischen Grundlagen verneint und dem Staat die Allmacht in die Hand gibt. Das wollten wir unter gar keinen Umständen wieder über Deutsch-

land kommen lassen.« (Protokoll des 14. Bundesparteitages der CDU, Bonn, 21.3. 1966)

6. März: Eröffnungssitzung des durch die britische Militärregierung ernannten Zonenbeirates; Adenauer wird auf Vorschlag der CDU Ende Februar Mitglied.

22. März: Mitglied des Provinzialrates der Nord-Rheinprovinz.

18. Juli: Die britische Militärregierung gibt die Bildung des Landes Nordrhein-Westfalen bekannt.

2. Oktober: Adenauer wird Fraktionsvorsitzender der CDU im Landtag des neugeschaffenen Landes Nordrhein-Westfalen.

1947

11. März: Truman-Doktrin: Aufgrund eines Hilfeersuchens der griechischen Regierung um Unterstützung gegen kommunistische Aktivitäten in Griechenland und einer ähnlichen Situation in der Türkei Abkehr von der Monroe-Doktrin; in der Erklärung von US-Präsident Truman heißt es u.a.: »... ich bin der Ansicht, daß wir den freien Völkern beistehen müssen, ihr eigenes Geschick auf ihre Weise zu bestimmen.«

20. April: Landtagswahlen in Nordrhein-Westfalen; Adenauer gewinnt in seinem Wahlkreis Siegkreis Süd 52,3 Prozent der Stimmen.

25. November–15. Dezember: Außenministerkonferenz der vier Siegermächte Frankreich, Großbritannien, Sowjetunion und USA in London. Hauptthema: die deutsche Frage. Unüberwindlicher Gegensatz zwischen Ost und West; völliges Scheitern dieser Konferenz.

1948

3. März: Tod von Gussie Adenauer, die an den Folgen ihrer Gestapo-Inhaftierung schwer erkrankt war.

März 1948–Mai 1949: Blockade Berlins.

Juni 1948–Mai 1949: Versorgung der Bevölkerung West-Berlins über eine Luftbrücke der US-Streitkräfte.

20. Juni: Währungsreform durch die westlichen Besatzungsmächte; damit verbunden Einführung einer Wirtschaftsreform (soziale Marktwirtschaft, Abkehr von der Planwirtschaft) durch den »Direktor der Verwaltung für Wirtschaft« (Frankfurter Wirtschaftsrat), Professor Dr. Ludwig Erhard.

Ende Juli: In Konsequenz des Scheiterns der Londoner Außenministerkonferenz vom November/Dezember 1947 beschließen die Ministerpräsidenten der westlichen Besatzungszonen die Einberufung eines Parlamentarischen Rates, der die Aufgabe haben soll, ein Grundgesetz (vorläufige Verfassung) zu erarbeiten.

1. September: Eröffnungssitzung des Parlamentarischen Rates; Wahl Adenauers zu dessen Präsidenten.

1949

4. April: Unterzeichnung des Nordatlantikpaktes (NATO) in Washington; Ziel des Vertrages ist der Schutz der regionalen und kollektiven Sicherheit des nordatlantischen Raumes.

8. Mai: Verabschiedung des Grundgesetzes.

23. Mai: Das Grundgesetz tritt in Kraft.

14. August: Wahlen zum 1. Deutschen Bundestag; die CDU/CSU gewinnt 31 Prozent und ist damit stärkste Fraktion.

12. September: Wahl von Professor Theodor Heuss zum Bundespräsidenten.

15. September: Wahl Adenauers zum Bundeskanzler mit nur einer Stimme Mehrheit; Bildung der 1. Regierung Adenauer aus CDU/CSU, FDP und DP.

20. September: Konstituierung der Bundesregierung; Inkrafttreten des Besatzungsstatuts.

Adenauer in einem Rückblick auf die Anfangszeit der Bundesrepublik: »Als die Bundesrepublik ins Leben trat, waren wir besetztes Gebiet. Wir waren völlig in der Hand der drei westlichen Besatzungsmächte. Wir durften keine Außenpolitik treiben. Wir waren in wichtigen Angelegenheiten immer von der Besatzungsbehörde abhängig. Das blieb auch zunächst noch so, nachdem ein Besatzungsstatut erlassen und die drei Hohen Kommissare eingesetzt waren ... Schon im Jahre 1949 hatte sich das Verhältnis zwischen der Sowjetunion und den drei westlichen Besatzungsmächten zugespitzt. Es war vorauszusehen, daß diese Gegensätze sich immer weiter ausbreiten und verschärfen würden. Wir lagen zwischen den beiden Blöcken, ohne ein Recht zur Entscheidung zu haben. Wir mußten nach meiner Meinung vor allem danach trachten, die Freiheit der Entscheidung für uns wieder zu gewinnen, das Recht, eine eigene Außenpolitik zu treiben. Wir standen sonst in Gefahr, daß wir bei einer Auseinandersetzung zwischen den beiden Blöcken, dem kommunistischen Block und dem Block der freien Völker, die sich im Nordatlantikpakt zusammengeschlossen hatten, zerrieben würden. Der größere Teil des deutschen Volkes erkannte die Lage und die Notwendigkeit, sich anzulehnen. Daß nur eine Anlehnung an die freien Völker des Westens in Frage kam, war wohl für alle Deutschen, mit Ausnahme der Kommunisten, eine Selbstverständlichkeit ... Den Gedanken, daß Deutschland jemals das Zünglein an der Waage sein würde, hielt ich für völlig absurd.« (Interview im WDR, 4.1. 1961)

Richtlinien für die Innenpolitik u.a.:
Fortsetzung der sozialen Marktwirtschaft
Wiederaufbau der Wirtschaft
Solide Finanzpolitik
Beseitigung der Arbeitslosigkeit
Beseitigung der Wohnungsnot
Sorge für die Kriegshinterbliebenen und Kriegsversehrten
Eingliederung der Millionen von Flüchtlingen und Vertriebenen
Lastenausgleich zugunsten der Flüchtlinge und Vertriebenen
Anpassung der sozialen Gesetze, insbesondere der Rentenversicherung an die gegebenen Verhältnisse.

Richtlinien für die Außenpolitik u.a.:
Beseitigung der Spaltung Deutschlands und Sicherung der Freiheit von Berlin
Überwindung des deutsch-französischen Gegensatzes
Teilnahme an den europäischen Einigungsbestrebungen als gleichberechtigter Partner
Lösung der Probleme im Verhältnis zu den östlichen Nachbarn auf friedlichem Wege.

22. November: Unterzeichnung des Petersberger Abkommens; von Adenauer immer wieder hervorgehoben als erster wichtiger Schritt der Politik der Westorientierung.

1950

9. Mai: Vorschlag des französischen Außenministers Robert Schuman zur Gründung einer Europäischen Wirtschaftsgemeinschaft für Kohle, Eisen und Stahl.

Juni: Ausbruch des Korea-Krieges.

20.–22. Oktober: Konstituierung der CDU auf Bundesebene auf ihrem 1. Parteitag in Goslar; Wahl Adenauers zum Bundesvorsitzenden.

1951

15. März: Erweiterung der Souveränität der Bundesrepublik auf dem Gebiet der Außenpolitik. Adenauer übernimmt zusätzlich zu dem Amt des Bundeskanzlers das Außenministerium (bis 5.6. 1955).

18. April: Unterzeichnung des Montanunionvertrages (Schuman-Plan) in Paris durch Belgien, Deutschland, Frankreich, Holland, Italien und Luxemburg.

Adenauer hier im Rückblick: »Von Anfang an war ich davon überzeugt, daß eine Vereinigung Europas erfolgen müsse, wenn die westeuropäischen Länder gegenüber der Entwicklung in der Welt und auch gegenüber der wirtschaftlichen Entwicklung in den Vereinigten Staaten und der Sowjetunion sich behaupten wollen. Ich war weiter seit vielen Jahren davon überzeugt, daß diese Integrierung Europas nur möglich sei, wenn gleichzeitig eine Aussöhnung zwischen Frankreich und Deutschland stattfände, den beiden Nachbarländern, die sich Jahrhunderte hindurch als Feinde gegenübergestanden haben. Diese beiden Erkenntnisse bestimmten meine ganze Politik.« (Interview im WDR, 4.1. 1961)

10. März: Note der Sowjetunion an Frankreich, Großbritannien und die USA mit dem Vorschlag einer Konferenz der vier Großmächte über die Deutschlandfrage. Der Note ist der Entwurf zu einem Friedensvertrag mit Deutschland beigefügt. Im Verlauf des Sommers 1952 Notenwechsel zwischen der Sowjetunion und den Westmächten (insgesamt acht Noten), als deren Resultat im Urteil Adenauers und der Westmächte deutlich wird, daß die Sowjetunion den Abschluß eines Friedensvertrages mit einer aus freien Wahlen hervorgegangenen Vertretung ganz Deutschlands nicht wünscht. Adenauer beurteilt die Note der Sowjetunion vom 10. März als Störmanöver im Hinblick auf die unmittelbar vor dem Abschluß stehenden Verträge über die Schaffung einer Europäischen Verteidigungsgemeinschaft (EVG) und über den Deutschlandvertrag (Generalvertrag), der der Bundesrepublik Deutschland die volle Souveränität bringen sollte.

26./27. Mai: Unterzeichnung des Deutschlandvertrages in Bonn und des Vertrages über die Europäische Verteidigungsgemeinschaft (EVG) in Paris; das Inkrafttreten beider Verträge sollte aneinander gekoppelt sein.

10. September: Unterzeichnung des Wiedergutmachungsabkommens mit dem Staat Israel und der »Conference on Jewish Material Claims against Germany« in Luxemburg.

1953

27. Februar: Unterzeichnung des Londoner Schuldenabkommens, i.e. Abkommen über die Zahlung der deutschen Vorkriegsschulden durch die Bundesrepublik Deutschland.

6.–17. April: Erste Reise Adenauers in die USA. Im Urteil Adenauers bedeutet diese Reise einen wichtigen Durchbruch im Verhältnis der Bundesrepublik zu den USA. Die enge Verbindung der USA zu Europa und insbesondere zur Bundesrepublik Deutschland ist für Adenauer ein Eckpfeiler seiner gesamten Politik.

17. Juni: Aufstand in der Sowjetzone und in Ost-Berlin.

6. September: Wahlen zum 2. Deutschen Bundestag; die CDU/CSU erringt 45,2 Prozent. Regierungsbildung aus CDU/CSU und FDP.

1954

30. August: Scheitern des Vertrages über die Europäische Verteidigungsgemeinschaft (EVG) in der französischen Nationalversammlung.

28. September–3. Oktober: Verhandlungen in London und in Paris (19.–23. Oktober) zur Überwindung der durch das Scheitern der EVG entstandenen Situation. Ergebnis sind die »Pariser Verträge«: Wiederherstellung der deutschen Souveränität, Beitritt zur NATO, Regelung der Saarfrage, Schaffung der Westeuropäischen Union (WEU).

1955

5. Mai: Die »Pariser Verträge« treten in Kraft; die Bundesrepublik Deutschland ist souverän.

Verpflichtung der USA, Großbritanniens und Frankreichs im Deutschlandvertrag, sich gemeinsam mit der Bundesrepublik für die Wiedervereinigung Deutschlands in Freiheit auf friedlichem Wege einzusetzen.

9. Mai: Beitritt der Bundesrepublik zur NATO.

6. Juni: Heinrich von Brentano wird Nachfolger Adenauers im Amt des Außenministers.

9.–13. September: Verhandlungen Adenauers in Moskau. Ergebnis dieser Verhandlungen: Aufnahme diplomatischer Beziehungen bei Wahrung des Rechtsstandpunktes der Bundesrepublik hinsichtlich der Grenzfragen, des Alleinvertretungsanspruchs und hinsichtlich der Nichtanerkennung der DDR (Schreiben an den sowjetischen Ministerpräsidenten Bulganin vom 13.9. 1955). Rückkehr von über 10000 deutschen Kriegsgefangenen und etwa 20000 Zivilpersonen.

23. Oktober: Volksabstimmung an der Saar über das in Paris im Oktober 1954 ausgehandelte »Saar-Statut« (Europäisierung der Saar); zwei Drittel der Bevölkerung lehnen es ab. Gemäß den »Pariser Verträgen« folgen 1956 die ersten freien Wahlen im Saarland. 1.1. 1957: Rückkehr des Saarlandes zu Deutschland.

1956

29. Oktober–6. November: Suez-Krise.

23. Oktober: Aufstand in Ungarn; am 11. November durch sowjetische Truppen endgültig niedergeschlagen.

1957

25. März: In Rom Unterzeichnung der Verträge über die Gründung der Europäischen Wirtschaftsgemeinschaft (EWG) und der Europäischen Atomgemeinschaft (Euratom) durch Belgien, die Bundesrepublik Deutschland, Frankreich, Holland, Italien und Luxemburg. Inkrafttreten der Verträge: 1.1. 1958. Als Ziel der EWG ist von vornherein die politische Union Europas vorgesehen. Adenauer hierzu im Rückblick: »Auch die EWG kann auf die Dauer nicht arbeiten ohne eine Politische Union, weil zu den Maßnahmen, die die EWG vorsieht, die politische Grundlage in den verschiedenen Staaten wenigstens annähernd gleich geschaffen werden muß.« (Pressekonferenz vom 4.8. 1964)

15. September: Wahlen zum 3. Deutschen Bundestag; die CDU/CSU gewinnt die absolute Mehrheit mit 50,2 Prozent.

1958

14./15. September: Erste Begegnung zwischen Adenauer und Charles de Gaulle an dessen Privatsitz Colombey-les-deux-Eglises. (Sommer 1958: Ende der IV. Republik, Rückkehr Charles de Gaulles an die Macht.)

27. November: Aufkündigung des Vier-Mächte-Status von Berlin durch die Sowjetunion und Forderung nach einer Vereinbarung über einen neuen Status für West-Berlin als »Freie Stadt« (Berlin-Ultimatum Chruschtschows).

1959

7. April: Adenauer läßt sich als Kandidat für das Amt des Bundespräsidenten nominieren.

24. Mai: Tod des US-Außenministers John Foster Dulles, mit dem Adenauer eine enge politische und persönliche Freundschaft verband.

4. Juni: Adenauer zieht seine Kandidatur für das Amt des Bundespräsidenten zurück.

26./27. August: Besuch von US-Präsident Dwight D. Eisenhower in der Bundesrepublik.

1960

8. November: Wahlsieg der Demokratischen Partei in den USA (seit 1952 stellte die Republikanische Partei den US-Präsidenten); John F. Kennedy wird Präsident.

1961

13. August: Mauerbau quer durch Berlin; Bruch des Vier-Mächte-Status von Berlin durch die Sowjetunion.

17. September: Wahlen zum 4. Deutschen Bundestag; die CDU/CSU gewinnt 45,3 Prozent, es fehlen acht Bundestagsmandate für die absolute Mehrheit. Regierungsbildung aus CDU/CSU und FDP.
Adenauer verpflichtet sich, etwa in der Mitte der Legislaturperiode das Amt des Bundeskanzlers niederzulegen (Kanzler auf Zeit).

1962

2.–8. Juli: Staatsbesuch Adenauers in Frankreich.

8. Juli: Gemeinsame deutsch-französische Militärparade auf dem Schlachtfeld des Ersten und Zweiten Weltkrieges Mourmelon und Pontifikalamt im Dom zu Reims.

4.–9. September: Staatsbesuch von Staatspräsident Charles de Gaulle in der Bundesrepublik Deutschland.

22–27. Oktober: Kuba-Krise.

26. Oktober: Beginn der »Spiegel-Affäre«, Verdacht gegen den »Spiegel« wegen Landesverrats; in der Folge Regierungsumbildung.

7. Dezember: 5.Kabinett Adenauer aus CDU/CSU und FDP.

1963

22. Januar: Unterzeichnung des deutsch-französischen Freundschaftsvertrages.

Adenauer am 23. Januar über die Bedeutung dieses Vertrages in einer Fernsehansprache: »Ich bin fest davon überzeugt, daß dieser Vertrag später einmal von der Geschichtsschreibung als eines der wichtigsten und wertvollsten Vertragswerke der Nachkriegszeit bezeichnet werden wird, und ich bin fest davon überzeugt, daß er sich zum Nutzen beider Völker auswirken wird und zum Nutzen Europas und zum Frieden der Welt.« In dem Vertrag werden u.a. regelmäßige halbjährliche Konsultationen auf Regierungsebene vereinbart. Vor allem ist der Vertrag an die Jugend beider Völker gerichtet. Adenauer in der gleichen Fernsehansprache: »Er will, daß die Jugend beider Völker aller Stände, nicht nur Schüler und Schülerinnen oder Studenten und Studentinnen, sondern auch die Angehörigen der arbeitenden Berufe sich kennenlernen, daß sie ihre Sprache, ihre Naturschätze, ihre Kulturschätze kennenlernen und so eine große Heimat auch in dem anderen Lande wiederfinden.«

23.–26. Juni: Besuch von US-Präsident John F. Kennedy in der Bundesrepublik Deutschland; am 26. Juni in Berlin bei einer Großkundgebung: »... ich bin ein Berliner!«

15. Oktober: Rücktritt Adenauers vom Amt des Bundeskanzlers der Bundesrepublik.
Aus der Abschiedsrede Adenauers vor dem Deutschen Bundestag: »... seien wir uns doch gerade in diesen Zeiten der Not, die hinter uns liegen, darüber klar, daß ohne das Mitgehen des Volkes, ohne daß das Volk mithandelt, ohne daß das Volk mit die Last auf sich nimmt, ohne daß das Volk sich müht, weiterzukommen, der Erfolg für jedes Parlament und für jede Regierung versagt bleibt – und darum bin ich stolz auf das deutsche Volk. Ich darf das wohl auch mit dem Blick über unsere Grenzen hinaus heute sagen: Ich bin stolz darauf, was das deutsche Volk in dieser verhältnismäßig kurzen Spanne Zeit geleistet hat, und wir Deutschen dürfen unser Haupt wieder aufrecht tragen ... Es

ist wahr, Herr Präsident, wir haben nicht alles erreicht. Ich würde sogar noch weitergehen und würde sagen, wir haben vieles noch nicht erreicht ... Wir haben die Wiedervereinigung noch nicht erreicht, obgleich ich glaube, daß wir am Horizont Möglichkeiten einer Wiedervereinigung kommen sehen, wenn wir achtsam und vorsichtig und geduldig sind, bis der Tag gekommen sein wird ... Und über eins seien wir uns klar: Mehr denn je zuvor ist Deutschland ein Angelpunkt der weltpolitischen Spannungen, die über die Kontinente hinweggehen. Daher dürfen wir nicht etwa glauben, diese unsere Last der Trennung würde von uns genommen werden, ohne daß gleichzeitig die Last der Spannungen auch von den anderen Völkern genommen wird ...«

1964

16. März: Erneute Wahl (8. Wiederwahl) zum Bundesparteivorsitzenden der CDU.

9. November: Feierliche Aufnahme in die Académie française (Kreis der »Unsterblichen«).

1965

19. September: 5. Wiederwahl als Mitglied des Deutschen Bundestages.

12. Oktober: Erscheinen des ersten Bandes seiner »Erinnerungen«; der zweite Band erscheint ein Jahr später, der dritte Band wenige Monate nach seinem Tod, der vierte Band als Fragment im Herbst 1968 (Deutsche Verlags-Anstalt, Stuttgart).

1966

21.–23. März: Adenauer verzichtet auf dem 14. Parteitag der CDU auf die Wiederwahl als Bundesparteivorsitzender.

2.–10. Mai: Besuch des Staates Israel.

1967

14.–19. Februar: Besuch Spaniens; letzte große Rede im Ateneo in Madrid, leidenschaftlicher Appell zur Schaffung der politischen Union Europas: »In unserer Epoche dreht sich das Rad der Geschichte mit ungeheurer Schnelligkeit. Wenn der politische Einfluß der europäischen Länder weiterbestehen soll, muß gehandelt werden.« (16. Februar)

Auf dem Rückflug von Spanien letzte Begegnung mit Staatspräsident Charles de Gaulle in Paris.

19. April: Tod Konrad Adenauers.

25. April: Staatsakt im Deutschen Bundestag; Pontifikalamt im Kölner Dom; Beisetzung auf dem Rhöndorfer Waldfriedhof.

QUELLEN DER ZITATE

Die gegenüber den Fotografien
wiedergegebenen Aussprüche Konrad Adenauers
sind zum Teil Gesprächen entnommen,
die Anneliese Poppinga in ihrem Buch
»Meine Erinnerungen an Konrad Adenauer«
(Stuttgart 1970) aufgezeichnet hat.

Die übrigen Zitate
stammen aus öffentlichen Reden

Seite 8:
Antrittsrede als Oberbürgermeister von Köln, 1917

Seite 36:
Rede in der Münchner Universität
am 28. Februar 1966

Seiten 39 und 41:
Rede vor dem Bundesparteitag der CDU
am 15. März 1964 in Hannover

Seite 89:
Abschiedsrede als Bundeskanzler am 15. Oktober 1963 vor dem Deutschen Bundestag in Bonn

Seite 103:
Grundsatzerklärung auf der Moskauer Konferenz am 9. September 1955

Seite 104:
Weihnachtsansprache am 25. Dezember 1955

ÜBER DIE AUTOREN

Golo Mann, geboren 1909 als drittes Kind von Katia und Thomas Mann, emigrierte 1933 nach Frankreich und wirkte als Hochschullehrer in St. Cloud und Rennes. 1937 bis 1940 redigierte er in Zürich die von seinem Vater herausgegebene Zeitschrift *Mass und Wert*. Ab 1942 lehrte er in den USA Geschichte am Olivet College und am Claremont Men's College. 1958 bis 1960 hatte er eine Gastprofessur in Münster inne, 1960 bis 1964 war er Professor für Politische Wissenschaft an der TH in Stuttgart. Golo Mann lebt heute in Kilchberg am Zürichsee.

Konrad R. Müller, geboren 1940 in Berlin, studierte ab 1962 Malerei bei Prof. Hans Jaenisch an der Hochschule für Bildende Künste in Berlin. 1965 Hinwendung zur Fotografie. Ab 1973 Siebdruckarbeiten auf der Basis fotografischer Porträts. Siebdruckporträts aus den Jahren 1973 bis 1980 hängen im Bundeskanzleramt in Bonn.

Von Konrad R. Müller sind im Bastei-Lübbe-Verlag außerdem lieferbar:

Band 61219 Die Kanzler, mit einem Essay von Alfred Grosser, und
Band 61215 Helmut Kohl, mit einem Essay von Peter Scholl-Latour.

Biographie

Als Band mit der Bestellnummer 61219 erschien:

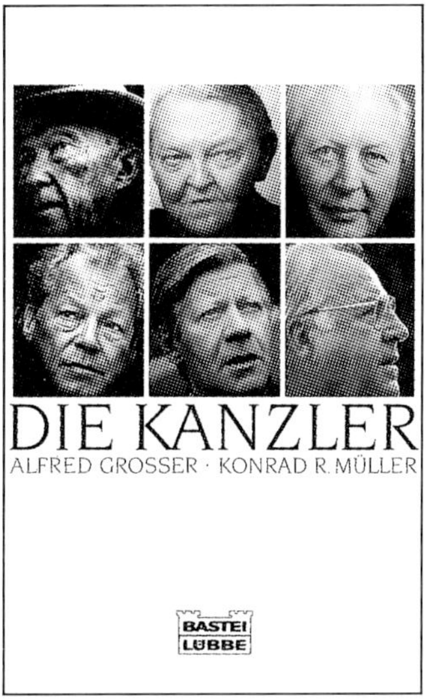

Sechs Portraits der sechs Bundeskanzler: Konrad R. Müllers Fotostudien zeigen die Regierungschefs der Bundesrepublik, wie man sie so noch nie sah: Autorität und Zweifel, Größe und Einsamkeit werden deutlich. Dazu ein Essay von Alfred Grosser, der dieses Buch zu einem wichtigen Zeitdokument und literarischen Erlebnis werden läßt.

Biographie

Als Band mit der Bestellnummer 61 164 erschien:

Das ebenso einfühlsame wie kritische Portrait eines Politikers und Staatsmannes, der die deutsche und europäische Geschichte gleichermaßen gestaltet hat wie vor ihm nur Adenauer.

BASTEI LÜBBE

Biographie

Als Band mit der Bestellnummer 61 195 erschien:

In diesem mit zahlreichen Bildern versehenen Band wird nicht nur der berufliche Alltag des in aller Welt geschätzten Politikers geschildert; darüber hinaus gewinnt man auch Einblick in sein Privatleben.

Biographie

Was für ein Leben! Was für ein Buch!

Peter Roos in »Der Spiegel«

Als Band mit der Bestellnummer 61211 erschien:

Der berühmte Soziologe Alphons Silbermann mußte als deutscher Jude und Emigrant immer wieder unorthodoxe Wege einschlagen; unorthodox und entwaffnend ist auch seine Autobiographie.

Biographie

Als Band mit der Bestellnummer 61222 erschien:

Die Geschichte des Staates Israel ist eng verknüpft mit dem Leben seines Gründers David Ben Gurion. Von seinem Engagement in der zionistischen Bewegung bis zu seinem Sturz 1963 wird der Werdegang dieses bedeutenden Politikers detailliert nachgezeichnet.

Mit zahlreichen Abbildungen